聖嚴法師 著

聖嚴法師
學思歷程

自序

我是一個極平凡的佛教僧侶，出生於民國十九年（西元一九三〇年）的冬天，那是江蘇省南通縣的農村，第二年的長江大水災，使我家被沖洗得一乾二淨，成為赤貧，隨著家族播遷到了長江的南岸。

我自幼瘦弱多病，九歲始入學，十三歲便失學，十四歲上山出家做和尚。我的基礎教育僅受完初小四年級，一般青少年的中學、大學時，我正在忙著做小沙彌，應赴經懺，從軍報國，但我從小便知道知識可貴，學問崇高，我會利用任何機會自修，讀到了許多書。並且以同等學歷及著作成果，考進日本東京立正大學，以六年時間，攻畢文學碩士和文學博士的學位。

從知道佛經本是用來淨化人心、淨化社會的知識及方法開始，即慨嘆著說：「佛教的道理是那麼好，可惜知道的人是那麼少，誤解的人又那麼多。」一般人，不是把佛教世俗化，便是把佛教神鬼化，最好的，也僅把佛教學術化，其實，佛教是淨化人間的一種以智慧與慈悲為內容的宗教。

因此，我便發願，要用現代人的語言和觀點，介紹被大家遺忘了的佛教真義，讓我們重溫釋迦牟尼遊化人間時代的濟世本懷。就這樣，我便勤讀世間群書，尤其專攻佛典，不斷地讀書，也不斷地寫作。

我從少年時代開始作文投稿，從文藝性的到理論性的，從宗教的到神學的，從一般知識的通俗文章到專題研究的學術論文。寫了將近五十年，已出版的單行本包括中文、日文、英文的，達到四十種以上。分別在臺灣、東京、紐約、倫敦等地的書局發行，同時也有數種被譯成了義大利文、捷克文、越南文，分別在當地印行。佛教是一種重視身體力行的宗教，由協助個人心志的堅定與安定，做到身心平衡，提昇自我，消融自我，以關懷他人，淨化社會。所以我個人讀書寫作的宗旨，是在理論觀念及實踐方法的疏通及指導。因此重視戒行的提倡、禪修的教學、知解的釐清，我的一般性的著作，大致都在這個原則下進行。我本人也被推著走向戒、定、慧三學並重的道路，故也不被局限於一般人所以為的「律師」、「禪師」、「法師」的範圍，而我自己，則恆以「法師」的身分自處，因為以佛法為師的意思最好。

由於佛教的內涵，既高明，又廣大，不論從任何一種學問的角度，來對佛教加以研究探討，都可發現佛教乃是世界文化史上的一大寶藏。為了提高佛教徒的教育水準及學術地位，所以我自己必須從事佛教教育事業及佛教的學術研究。先後擔任臺灣中國文化大學、東吳大學的教授，並應邀為國立政治大學等博士班為論文指導。也創立了由教育部立案的「中華佛學研究所」，成就專門研究佛教的學術及教育人才。同時於一九九〇年起，每隔二至三年主辦一次「中華國際佛學會議」，以「傳統佛教與現代社會」為永久主題，集合世界佛教學者之菁英，就各種專門領域的論文，探討問題，以期達成古為今用的目的。

也正因召開國際佛學會議的機緣，使我認識了執教於美國天普大學的名教授傅偉勳博士，他和他的美籍女友華珊嘉（Sandra Wawrytko）教授，不僅出席了我們的兩次國際會議，同時也給了我許多的建議，尤其兩次會議之後，均由他們兩位協助，分別將會中全部論稿，編輯成中、英兩種版本，向臺北的東大及紐約的綠林（Greenwood Press）兩大出版公司推薦出版，廣受世界學術界的重視。

如今，傅公偉勳博士，因受臺北正中書局主編鍾惠民女士之託，主持本叢書《當代學人學思歷程》的邀稿，我也何其有幸，被傅公選中，代表佛教界，也代表宗教界的學人身分，參與供稿，實在是我生平中的一項殊榮。由於工作繁忙，寄稿時未及寫序，今將清校出版，應編者之囑，故於訪問中國大陸之後，途經香港，轉往美國之際，謹補一序。

一九九三年四月二十六日
自序於香港麗奧飯店

目錄

出家與回家

戒律與阿含

宗教與歷史

東方和西方

遊歷和寫作

站在路口看街景

童年和少年

一、無憂的童年

我的出生地是在江蘇省南通縣狼山前的小娘港，那是民國十九年（西元一九三〇年）的農曆十二月初四。但是，我對於出生地的情況毫無印象。因為，在襁褓中，也就是民國二十年（西元一九三一年），發生了長江大水災，就把我的出生地一捲而光，不僅地上物下了長江，連土地也因為那一段的長江兩岸，南邊漲，北邊塌。在一有記憶的年代，就知道我出生的老家所在地，早已進入長江，離開江邊有數里之遙了。

據父母說，我們這個張氏家族，原住在長江出口處一個三角洲的崇明島腳盆圩。從「腳盆圩」這個名字看來，應該是海邊一個低窪的地區。因為一場大水災，就把我的高曾祖父，趕到了南通的狼山前。到我出生的時候，我家的近親也都住在南通和海門一帶，所用的語言，則還保持著崇明島的口音。民國二十年（西元一九三一年）之後，這個家族，除了住於海門縣的遠房親戚之外，也都遷到了江南的常熟縣常陰沙，讓這個張氏家族，遍歷了滄海桑田的憂患。

直到現在為止，我還沒有看過我們張氏家族的族譜，因為世代播遷，流離失所，既沒有三代或五代同堂那種大家庭環境，也沒有財力為張氏家族的祖先建一座宗祠。雖聽父親說過，我們張家有一本族譜，但是，卻沒見過，因我父親本人是不識字的文盲，所以也不重視。到目前為止，我只知道我的祖父名叫張希凡，祖母蔣氏，父親叫張選才，母親陳氏。雖然南通曾經出過一位狀元張季直是我本家，好像除了同樣是姓張之外，和我的家族攀不上關係。

我家到了江南，父母帶著我們六個子女，在被長江的水患洗光之後，到江南租到了七畝地，搭建了三間草屋，一邊做佃農，同時也做散工，來維持一家的溫飽。

當我開始有記憶的時候，已經進入日本軍國主義侵略的戰爭期間。在戰略物資的重點需求之下，記得我們鄉下，常常是一年種稻，另一年種薄荷；一年種豆，再一年種棉花，而不論種什麼，總是吃不飽。因為，除了地主需要租糧，軍隊亦需要軍糧。當時我只有十來歲，就必須要做童工，並且被軍隊徵去構築軍事工程。所謂「民不聊生」，還必須求生的淒慘景象，我都親眼看到了。但是，在兒童的心目中，並沒有太多的憂慮和不安，總認為人間的生活，就是這個樣子嘛！後來，漸漸地聽到了一些小說故事和大人們談論的歷史片段，才知道我出生的時代，正好是中華民族面臨著外有強敵環伺，內有軍閥割據的時代。而最不幸的是，日本軍閥的侵略，造成了中國全面的不安和動亂。我真是生不逢辰，趕上了兵荒馬亂的一個歷史過程！

我家窮，我們鄉間，就是有錢的人家也窮。因為，整個大陸普遍地都窮。我去看過地主家的宅院，不過是房子多些，占地面積大些，他們所擁有的糧食和衣物多些。但是，論其品質，也跟我們窮人好不了多少。當時，據說在常熟縣的境內，共有三位大學畢業生，我家地主的少爺，便是其中之一，我們鄉間都把他當成是現代的狀元。但是，到了民國三十七年（西元一九四八年）底，那個地主的家族，也迅速地沒落了。為了逃避鄉下的動亂和危險，到上海依附親戚的時候，竟然跟我的三哥坐著同一節火車的普通車廂。

在我的記憶中，我們張家這一族內，沒有出過一個讀書人。時代的環境不許可他們讀書，他們也無書可讀。我的上邊有三個哥哥、兩個姊姊，只有二哥，憑他自修，能夠粗通文墨，其他四人則都是文盲。因為，當時沒有國民小學，只有私立小學和私塾，父母要把孩子送去讀書，必須賠上雙重的損失：第一，學校需要學雜費乃至服裝費；第二，孩子去讀書，就沒有時間去做工，也就是勞動力的損失。對於像我家這樣窮的一個家庭，實在無法負擔得起。

兒童時代，我是一個體弱而又智弱的低能兒，身體經常有病，據說是因為當我出生之時，母親業已四十二歲，一個鄉下的貧婦，早已沒有奶水，加上當時的食物，不僅粗糙而且稀少，所以營養不良。幼年時，成長奇慢，到了六歲才會走路和學會講話。九歲時，因為哥哥、姊姊們都長大了，已能幫助父母做工賺錢，才考慮把我送到附近的私塾上學開蒙。我還記得第一課上的是四句話，十二個字：「上大人，孔乙己，化三千，七十士。」但是，它們的意思全然不知。那位蒙館的老師並沒有說明：「上大人」就是孔老夫子，他的學生有三千人，其中有七十位賢士。這是私塾裡慣有的教讀方式。

我前後一共換了四個私塾，原因有兩點：第一，那些老師的私塾，開開停停不能持久；第二，我家的經濟時好時壞，不能連續地供給我的學費，並且需要我去做工以貼補家用。

十二歲時，才算進入正式的小學。從三年級下開始，到第二年讀完四年級，由於年景不好，家境窮困，我便從此輟學，跟著父兄們到長江南岸的新生地築堤，做小工了。

二、無憾的少年

民國三十二年（西元一九四三年），依中國人的習俗，我已十四歲，其實，要到那一年的農曆十二月初，才滿十三歲。就在這樣的年齡，出於自願，而又被動地，出了家，做了小和尚。

我的家鄉，並沒有人出家，也沒有正式的寺院。所接觸到的宗教，應該是佛、神、仙、鬼混雜的民間信仰，也就是把信佛與拜神、祭祖、敬鬼，同等看待的一種風俗。譬如有人害了病，醫生治不好，就去求神、拜佛、問仙，或用乩童牽亡等巫術來幫助。我的老家原先雖然坐落在長江北岸，南通狼山廣教寺腳下不遠的地方，對於佛教的道理和內涵，還是一無所知。偶爾看到鄉間的鄰居和親戚居喪之時，會請和尚、道士、齋公、齋姑，念經拜懺，當地的習俗稱為「做道場」。對於當時的我來講，那好像是自從遠古以來，人們就是這個樣子做的，還沒有能力分辨這種風俗習慣的好與不好、對和不對。

可是，那一年的夏天，由於一位姓戴的鄰居，剛從江北狼山遊歷回來，經過我家的門口，遇到一陣大雨，進入我家躲避，一眼看到我，就想起了狼山廣教寺的方丈託他在江南找一個小和尚的事，便問我母親的意思。而我母親以開玩笑的口吻轉過來問我：「你想做和尚嗎？」我未假思索，也不知道什麼叫作「和尚」，就說：「好啊！當然想做！」雖然這使我的母親楞了半晌，還是應那位姓戴的鄰居所請，將我的生辰八字給了他送上狼山，以便山上的方丈在佛前請示。就這樣，到了秋天，我就被這位戴居士帶過了江，也帶上了山。

江蘇省的境內，長江的北岸，北自徐州，南迄崇明，除了連雲港的雲台山，僅在南通市的南郊九公里處，有五座山頭面臨著長江。它們的名字，由右至左是黃泥山、馬鞍山，狼山居中，其次是劍山和軍山。在五山之中，狼山靈峰獨秀，既被古來的兵家視為天然的江防要塞，又為蘇北各地的民眾看作佛教的進香勝地。有關狼山的資料和史料，在我的《歸程》及《法源血源》兩書之中，分別做了不少的介紹。最古的原始資料，則出於明神宗萬曆四十四年（西元一六一六年），由總兵（要塞司令）王揚德編輯而成的

《狼五山志》，共四卷，目前僅有北京廣濟寺圖書館珍藏一部（編號：六八三．二一；八一一三：一），是民國二十四年（西元一九三五年）狼山廣教寺發起的影印本。當我在狼山的時候，還見到我的師公藏有一套，可是在一九八八年回大陸訪問廣教寺的時候，已經沒有這套書了。

狼山的歷史，始於唐高宗的時代，龍朔和總章年間（西元六六一——六六九年），有一位來自西域泗國的僧伽大師，到達狼山開基。然後經知幻禪師及當地的居士們建了大雄寶殿等，名為「廣教禪林」。所以直到現在，山上的正殿供的就是僧伽大師像，半山還有一座知幻禪師的塔。傳說僧伽大師坐化於唐中宗景龍二年（西元七〇八年），在生之時，常顯神異，曾示十一面觀音像，所以後人以他為觀音的化身。因被唐中宗尊為國師，所以，他身後的尊號是「大聖國師王菩薩」。後來他的聖像是盤腿而坐，頭戴毘盧帽，身披大龍袍。類似這樣不僧不俗的例子，高僧傳中並不多見。

狼山的僧制，歷代都有變化，由全山統一的十方禪院，演變為七個房頭，分頭而共治的子孫寺院。當我上山之際，就是處於房頭的時代，而七個房頭只有一個大雄寶殿及位於山頂的大聖殿，為七家逐年輪流共管。民國三十二年（西元一九四三年），正好輪到我們第四房的法聚庵在山頂「當年」。

中國寺院的制度，若由十方來共住的僧眾之中，選賢與能成為住持者，名為十方叢林；由剃度的師父傳承給自己的徒弟和徒孫者，稱為子孫寺院。不過，早期都是十方叢林，由各級政府來負擔經費。在有了私建的寺院及自由的剃度情形之後，小規模的寺院就成了子孫相傳。狼山廣教寺，經過中國大陸政府的統治，尤其是在所謂十年浩劫的文化大革命之後，已經自然而然將全山整合成為一體，甚至於將南通境內所有的出家人也都集中到了廣教寺。所以，今後的狼山，在短期內，不會恢復子孫制度了。

狼山給我的第一印象，是山好高、人好多、香火好盛，和尚們也就很忙。因為那是一個香火道場，特別是正在山頂「當年」的時段，為了照顧各個殿堂的香火，所以顯得格外地忙碌。不過，到了那一年的冬天，蘇北常常鬧著新四軍和日軍之間的零星槍戰，山上山下都進入戰備狀態。日間，日軍上山挖戰壕；晚間，便衣的新四軍上山來慰問。山下附近的青年少豪，常常有人失蹤，也常常發現不明不白地遭人槍殺了。所以，香火一天不如一天，到了民國三十三年（西元一九四四年）農曆新年，山上已經是非常地冷清了。

我在狼山，一直住到民國三十三年（西元一九四四年）十月間，去了一趟上海，又回到了狼山，直到民國三十五年（西元一九四六年）春天，我又第二度地到了上海，從此就再沒回到過南通了。我在狼山住過的時間，前後相加不足兩年。最後離開之時，狼山已被國軍連番地駐防，弄得只見軍隊不見香客，只見兵器不見法物，連門窗、桌椅，都變成了軍眷的床鋪和伙房的柴火。山上的僧侶，除了幾個已是六、七十歲的老僧，不願向外地流浪之外，年輕的和尚都已離開了狼山。我正好看到了狼山由盛而衰，由衰而亡的落日景象。這使我警惕到佛法所講的世事無常，既痛心又無奈。可是，既然無常，盛者必衰，衰者未必就亡，救亡圖存，事在人為，我還是對於佛教的前途，抱著無限的希望。

我對於佛教的認識和反省，是在出家以後大約半年的時間，除了由世代的長輩，那是師父、師公、師祖、師曾祖的適時適地耳提面命，督導功課，同時還為我請了兩位老師，一位教《禪門日誦》，另一位教四書五經。前者，當然是出家的法師，後者，也是一位曾在狼山出家，後來考取秀才而還俗的居士。他們兩位都很認真、和藹，不僅教我唱誦和背誦，也解釋所有功課的內容。這使我知道了佛經不僅僅是拿來誦給亡靈做為超度之用，其實，應該是用來講給我們人類大眾聽，而照著去做的。孔孟之道可以治世，佛教的義理及其方法可以化世，若能互為表裡，一定可以實現世界大同或人間淨土的局面。只可惜，當時的佛教界人才奇缺，為死人超度的經懺僧還不算少，能夠講經說法、導迷化俗的人，則有如鳳毛麟角。狼山的僧侶，總算多半是讀過幾年書，甚至於有正在擔任小學老師的。可是，還沒有一位是能夠講經說法，並且受到遠近歡迎和尊敬的大德法師。我自己並沒有想到能夠成為那樣的人物，但是，已有一種不能自我控制的願望，就是要盡我自己所能，讀懂、讀通佛經，用來告訴他人。

無奈，我的求學歷程，崎嶇曲折，非常地不順。在狼山之時，雖有兩位老師教讀，但我必須要做一個小沙彌須做的事，除了早晚課誦，撞鐘擊鼓，還要清潔環境、打掃庭院、整理廚廁，乃至於種菜燒飯和為老僧們洗衣服、倒夜壺。所以，在那段時間裡，我學會了做為一個和尚所應具備的十八般武藝。雖然損失了讀書的時間，卻在實際生活方面，學會了「凡事自己做」、「工作無貴賤」的能力和觀念。

當我到了上海的大聖寺，那是一個純粹的經懺道場，每天夜以繼日地，除了為施主家裡增福延壽及超薦亡靈而誦經、拜懺、放焰口，再也沒有時間讓我讀書，寺中也沒有經濟能力來為我請一個老師教讀，因為當時的物價飛漲，而做佛事的收入，往往跟生活所需及寺廟的維持，無法平衡。這使我想到，國家和社會的動亂，跟人民生活的安定，有著絕對強烈的互動關係。國家社會是由人民組成的，人心浮動，社會則混亂，社會混亂，國家便不安。要想國泰民安，一定要從挽救人心做起，挽救人心，則須從教育著手。所謂教育，不僅是學校的一般課程，應重視於佛教的信仰，那就是用因果的觀念來安慰人心又鼓舞人心，也就是所謂：「欲知過去事，現在受者是；欲知未來事，現在做者是。」使每一個人都能安分守己，盡其在我，努力不懈。既不逃避現實，也不推諉責任，面對著一切的問題，用慈悲、用智慧，來糾正它、改善它。遺憾的是，佛教雖然是那麼地好，由於佛教沒有人才去普遍地弘揚，所以知道它的人很少，而誤解它的人很多，不知道要用佛教來救世救人的人更多。

就基於這樣的一個動機，我再三地要求我的師公上人，讓我出去讀幾年書。因此我在民國三十六年（西元一九四七年）的春季，便結束了大聖寺的小廟生活，開始成了同樣是在上海的靜安寺佛學院的一名插班的學僧。

追溯佛教寺院辦教育的歷史，應該是從佛陀時代開始。凡有僧眾聚集共住之處，必定有其每日定課，那就是經律的講說和討論，以及禪定的實修。所以，每一個精舍、寺院，就是一座學校。特別是到了玄奘三藏到印度留學時代，他所見到的那爛陀寺，有九寺、十八個伽藍，周圍四十八里，也就是世界佛教史上最大、最早的一所綜合性大學。那時候，曾經有過上千的教授、上萬的學生，在那兒做各種學派的研究和學習。例如瑜伽、中觀、真言、密教及各系的大乘佛法，分頭並弘。

佛教傳到中國，像鳩摩羅什三藏的譯經道場西明閣和逍遙園、玄奘三藏的大慈恩寺譯經院，都是集合了一時的高僧大德和社會俊彥，從事於翻經偉業的同時，也在不斷地做分門別類的上課活動。直到宋明之際，寺院往往是士人舉子讀書的場所，甚至於宋明儒家的書院，學的也就是佛家的禪院軌式。

到了清朝，佛教中衰，原因很多：1.寺院不重視教育，2.社會知識分子普遍反對佛教，3.經過太平天國的洪楊之亂，中國東南十六省的佛教寺院，幾乎摧毀殆盡，淪為廢墟。所以，到了清德宗光緒二十四年（西元一八九八年）湖廣總督張之洞，撰《勸學篇》三卷，奏請光緒皇帝，主張中學為體，西學為用，同時建議以廟產興學，將寺舍的十分之七移作校舍，寺產的十分之七移作教育。這樣的消息一出來，使得全國佛教界數十萬的寺廟，百萬以上的僧侶張惶失措，無以自救。因此，而有若干寺院的住持和尚們請求日本的保護，由日本政府向滿清政府交涉，提出了寺院自己辦學的方案。第一所便是由當時浙江天童寺的住持，請日本曹洞宗的學者水野梅曉，於光緒二十九年（西元一九〇三年），於長沙創辦的「湖南僧學堂」。接著，光緒三十二年（西元一九〇六年），由文希法師在揚州天寧寺，創辦了「普通僧學堂」。光緒三十四年（西元一九〇八年），由楊文會居士在南京金陵刻經處，創辦「祇洹精舍」，僧俗學生雖僅十數人，卻都是龍象之才，像僧眾的太虛、智光、仁山，俗眾的歐陽竟無、梅光羲等；由於經費關係，僅僅辦了兩年，但是，它對於民國以後的中國佛教，影響至為深遠。

所謂太虛大師的僧教育，以及歐陽竟無的唯識學，在僧界的人才培養和學術界的佛學的貢獻，幾乎同時出於楊文會這個系統，所以有人把楊氏譽為中國近代佛教之父。

到了民國三十六年（西元一九四七年），當我進入靜安寺佛學院的時代，全國有名可尋的佛教所辦的學院已有四十多家，其中有的僅辦兩年或三年就停了，至於教師的人才和學生的來源，特別是寺院方面的經濟負擔，都未能繼續地維持。

上海靜安寺佛學院，創辦於民國三十五年（西元一九四六年）的秋天，當時該寺正鬧著子孫派與十方派的糾紛，結果十方派占了優勢。因此力圖革新，整頓教育，以徵得社會輿論的同情。這個學院的師資陣容，應該是屬於太虛大師一輩的第二代。

當時，幾乎每一家佛學院的學生程度都是參差不齊，年紀大的可是三十多歲，像我，則只有十七歲；有的曾經當過小學教員，有的像我，只有小學四年級。課程大概是中學到大學的程度，英文和數學是高小到初中，國文是高中，佛學是大學。例如講《大乘起信論》、《梵網菩薩戒經》、《印度佛教史》、《八宗綱要》、《八識規矩頌》等，這些佛學科目，都是大學的課程。擔任佛學的教師，也有大學教授。我們究竟屬於哪一個程度，都說不上來。

對於這些課，除了國文、英文和數學之外，我都不容易聽懂。當我在狼山的時候，是從經典和課誦中理解佛法，比較容易懂。現在，從經過大師們消化、組織、發揮之後，思辨性、理論性的論典，以及有許多梵文音譯的特定佛學名詞的論著，就很難在很短的時間之中理解吸收了。所以，在最初的兩、三個月，我幾乎天天打算退學。希望看懂佛經，看通佛法，結果進了佛學院，大有望洋興嘆、不知從何著手的感覺。當時，並沒有人告訴我們，在印度的大乘佛教，有中觀、唯識、如來藏等三大系統，《八識規矩頌》的唯識思想，和《大乘起信論》的如來藏思想，究竟有什麼不同之處？中國的大乘佛教，有八大宗派：律、法相、三論、天台、華嚴、淨土、禪、密，它們之間又有什麼相異之點？老師們只是分別的介紹，沒有綜合的比較，使我非常地納悶。為什麼同樣是發源於印度的釋迦牟尼佛，竟然會出現了這麼多不同的觀點？我當然能夠相信它們都是對的，但是，究竟誰前誰後？孰高孰低？總該有個交代和說明才對！我把這個疑問告訴了年長而大家認為學問深厚的同學，所得到的答案是：「別管那麼多！法師們怎麼講，我們就怎麼聽，然後再照著去告訴別人就好了！否則的話，那還了得，頭都會大了！」這樣的答案，也正說明了當時佛教界的學習風氣，都還停留在傳統式的師師相傳的觀念之中，除了幾位大師級的人物之外，少有做比較研究的認識。

就這樣，我在靜安寺佛學院，一連住了五個學期。在三十多位同學之中，每個學期考試成績的排名，我都在第五、第六之前，這是我自己覺得安慰，也非常感恩的事。雖為靜安寺佛學院的學僧，也必須兼做經懺佛事，來維持我們的生活費及教育費。而我今日的這一點佛學基礎，主要是跟靜安寺佛學院有著很大的關聯，直到現在，我還非常懷念當時的學院生活，以及共同生活過的老師和同學們。

一九八八年春天，當我去大陸探親之時，也特別訪問了剛剛由政府的倉庫恢復為寺院不久的靜安寺。當年早、晚課誦以及誦經拜懺的大殿，已遭回祿；當年的老師多半已經謝世，僅僅曾任金陵大學教授的本光法師、狼山的育枚法師，以及《弘一大師年譜》的作者林子青居士都還健在，但僅見到育枚老法師，同學之中也只見到三位，頗有人事全非的感觸！

在一九四九年春夏之間，陸續離開大陸而到達臺灣的老師和同學，共有十多人，其中包括如今已經謝世的南亭、道源、白聖等長老，以及現在臺灣任智光工商董事長的妙然和曾任臺北華嚴蓮社監院的守成，以及如今僑居美國的仁俊等法師。離開大陸的同學之中，有的已僑居國外，各自弘化一方，有的已經還俗或謝世。其中一位是正在臺灣擔任中國佛教會祕書長，並且籌建玄奘人文社會學院的了中法師，則對近十年來的臺灣佛教界有相當的貢獻，使我非常地欽佩，也可以引為靜安寺佛學院的一份光榮。

我的少年時代，就是在這樣的顛沛流離、出家、趕經懺、求學、失學中度過。到了一九四九年春天，正逢戰爭此消彼長，而國民政府的軍隊節節敗退，終於撤離大陸，退居臺灣。而我是在一九四九年的五月十五日，向二〇七師青年軍的招兵站報名，第二天就跟了中法師，帶著一捲簡單的行李，和幾套僧服，同坐一輛三輪車，離開佛學院，向該師的通信連報到。

古人有「投筆從戎」的壯志，我們是「脫下僧裝換軍裝」。但是，還抱著強烈的願望和信心，認為國軍到了臺灣，重新整頓之後，將來一定會回到大陸，讓佛法重光，所以我還把僧服帶著。在此必須要加以補充說明的是：我的身體一向瘦弱多病，看來弱不禁風，所以在學院留守未走的同學多半勸我：「不要莽闖！以你的健康和體能情況，說不定到了軍中，不用三個月就會拖累而死，到那時，還說什麼弘揚佛法、護國衛教都沒有用了。」好在我向林子青老師告假的時候，他向我說了兩句話：「在大時代的洪爐裡，願你鍛鍊得更加堅強！」我也就在這樣的信念下，一直鍛鍊到現在，真要感謝他的鼓勵。

那時候，我的年齡是正好二十歲，以現在西方人的算法還不足十八歲。從十四歲出家到二十歲從軍，短短五年半的時間，對我來講，好像已有半個世紀。從一個一無所知的鄉下蒙童，而蛻變為少年沙門，再轉型成為青年的士兵。經歷了許多，學習了許多，成長了更多。這個時段，對我來講，既是憂患的歲月，也是我生命史中第一個黃金的時段。值得我回憶、懷念、珍惜，所以勞而無怨，苦而無憾。

軍中的歲月

一、我還是和尚

從軍報名之時，我為什麼選擇了通信連？這是當時招兵站的幾位軍官的建議。因為，從一個每天拜佛、吃素，而心存慈悲，主張戒殺放生的和尚，突然進入軍中，成為一個荷槍實彈的軍人，時時待命到前線、上戰場、衝鋒陷陣，兩軍相對時，開槍發砲，乃至於近身肉搏，都是殘酷的殺戮行為，和佛教的信念相背。但是，當時的社會和國家的局面，除了有錢自備機票和船票離開大陸，只有進入軍隊是通往臺灣最容易的路。我既無信徒，也沒有積蓄，更不能得到師長的同意和資助，所以考慮再三，只有選擇了從軍的路。而招兵站的軍官說明了，只要人數招齊，馬上開船送往臺灣，接受新軍的訓練；見到我們幾人是和尚的身分，大概不便直接上戰場去衝鋒陷陣，所以建議我們做軍中的後勤工作。

就這樣，到了軍中，換了衣服，大家還是稱我們和尚。長官和同事偶爾還會叫我們和尚，有的是出於玩笑，有的是出於關心。這對我來講，倒是一重道心的保護網、信心的維持劑，所以非常感謝他們。直到我十年之後退伍那天為止，雖然已經陞遷調撥，換了許多單位，我都會主動地聲明：「原來我是和尚，將來還要做和尚！」這對我來講非常有用，可以免掉許多不必要的麻煩和困擾，許多年輕的同事，偷偷地結伴出去吃、喝、嫖、賭，就不會把我算在裡頭；每逢假日，我也可以有個人的時間來做自我的進修。

從寺院生活進入軍隊生活，是我生命史中的第二次大轉變。當我以一個農家的少年進入寺院之際，必須處處學習，時時留心，那時只有一個想法，希望把和尚做好，所以興趣很濃。然後，由於弘揚佛法的心願，又使我不斷地努力以充實自己。現在進入軍中，除了跟叢林寺院同樣是過團體的生活，所有的想法、說法、作法，都跟寺院不同。寺院講「弘法利生」，軍隊講「保國衛民」；寺院講「戒律威儀」，軍隊講「軍紀」；寺院講究的是「清淨莊嚴」，軍隊講究的是「生龍活虎」等等。一時間，很難適應。特別是飲食問題，我已將近六年未碰葷腥，進入軍中第一餐，是在上海的招兵站。那是借駐大通路的楠木倉庫，房子雖大，可是容納一個團的新兵時，還是把樓上樓下擠滿了人。由於沒有充分的衛生設備，所以戶外以及屋頂平台到處都是一堆一堆的大便，我們的飯廳，也就是在這樣的場所，飯筐菜盆就擺在這些處處人糞的空隙之間。菜色雖然差，還有幾片薄薄的肥肉，漂在菜湯的面上，幾乎使我頭暈目眩，好不容易才把一碗白飯囫圇地吞下了肚。此後，每到吃飯，雖然肚子餓，都有一種莫名的恐懼感。所以有些人待了一天就溜了。

但是，我跟大多數的人一樣，因為聽說到了臺灣，青年軍的新兵完全是新式的教育，美式的裝備，訓練的營地像花園，士兵的生活像學生，所以暫時忍受了下來。五月十九日，我們終於在上海外灘的碼頭上了船，經過了兩天的航程，抵達臺灣的高雄上岸，然後乘坐無頂敞篷的載貨列車，經過一夜的時間，到達了新竹，住進一家已經廢置了的日據時代的玻璃廠。在上海時所聽說的軍營營房如花園，軍營如學校，事實上到了臺灣，我們所經驗到的生活環境，是四周圍著一丈多高的竹籬，出入受到管制，門禁非常森嚴，吃的是一日兩餐，每餐是糙米飯和醬油湯，喝的是渾濁的井水，睡的是磚砌地鋪稻草，連蓋的也是稻草，三個人共用一條棉紗氈，好在初到臺灣，是溫暖的初夏。當時，除了站崗守門的警衛排，擁有破舊的中正式步槍，其他整整一個團，只有少數的高級軍官有幾把手槍，其他都是赤手空拳，每天頂著烈日，光頭、赤膊、赤腳、穿著短褲，在操場和野外接受入伍生的訓練。

就在這個階段，我們有幾位同學，由於無法適應，忍無可忍，也因為被長官調出通信連，撥進砲兵連，使他們非常地失望和痛苦，就在夜深人靜、大家熟睡中，溜出了營房，脫離了軍隊。我們就是為了避免放槍開砲、親手殺人，才選擇了通信連的。可是，軍中的人事很難預料，先前招兵站的軍官，有好幾位已經不見了。

他們走了之後，我的心裡也盤算著究竟是離開的好？還是既來之則安之，觀察一段時間再說？就這樣，一天又一天地在軍中待了十年。那固然由於我在從軍時的心態和心願，希望早日回到大陸，我應該要盡一己之力，同時後來也聽到離開軍隊以後那幾位同學所提供的消息。那個階段，從大陸到臺灣的出家人，景況也非常地艱難。本省的寺院都拒絕收留，外省來的法師則自顧不暇。例如有一位同學到臺北市的某寺投奔某一位大德法師時，只允許他逗留一宿兩餐，否則就要招憲兵抓他回營，因為他們也很害怕，收留逃兵會惹來麻煩。

事實上，在一九五〇年，臺灣省曾經發生到處濫捕大陸和尚的風潮，連同頗享盛名的慈航法師，以及他的中將出家徒弟律航法師等數十人，都曾被逮捕監禁在看守所。所以，他們倒羨慕我們還在軍中的僧侶，平安無事。真是百動不如一靜，在兵荒馬亂的時代，最危險的地方，就是最安全的地方。

在臺灣，經過幾個月的新兵共同生活之後，我才發現當初的二〇七師青年軍，到了臺灣已經變成了普通的部隊，而且從二〇七師被整編到三三九師，士兵的分子也沒有多少是知識青年。原來在東北二〇七師的師長戴樸將軍，已陞為第六軍的軍長，當時的二〇七、三三九兩個師都屬於第六軍。當他到新竹跟我們訓話之後，他要凡是讀過大學的人舉手，並且站到司令台前去，結果只有三十多個人被他帶走了，他說他要培養知識青年。其次，他又叫高中畢業的學生舉手，這一下，大家都希望被軍長帶走，所以舉手的人很多。我們有五個靜安佛學院的同學，不知道自己是什麼程度，兩種都想舉手，兩種都不敢舉手，所以沒有被軍長帶走。那一天被帶走的高中生，後來就在北投的跑馬場，也就是現在的復興崗，成立了學生大隊，給予班長的基本訓練。而那些大學生，有的投考大學，有的投考軍官學校。這位戴樸將軍，的確是愛才如命，軍中同袍都很愛戴他。

後來我們的部隊調動了好幾個地方，從新竹到北投，從北投到新莊，從新莊到淡水。雖然都是在臺灣北部，可是調來調去都是徒步行軍。當時我們還沒有通信的器材如無線電發報機、電話、電線等，只有個人的背包及簡單的衣服。而我和另一位靜安寺的同學，負擔卻要比其他人的重些與多些。我的僧服雖然已經結了離營同學的緣，從上海隨身攜帶的幾十本心愛的書籍，則始終捨不得丟。在一個地方住定之後，我們兩人是個圖書館，大家都來借書看，一旦要拔營移動時，全數都會還了回來，所以，我們的行李背包特別大，也特別重。我的那位同學在移動兩次後，非常生氣，把書丟得乾乾淨淨，因為大家既然都不想分擔攜帶，也就不要分享這一份讀書的利益了。而我則一直把它們帶到臺北縣的金山鄉為止，那是一九五〇年六月的事，我已經當了上士報務員，移防的時候，有權力可以交託部隊卡車運送了。

我怎麼會從入伍的上等兵，在一年之間當到了上士報務員的？那是因為部隊到了北投，駐紮在老北投國民學校，有一位年輕軍官跟我們幾位和尚兵接觸，在談吐、語言、舉止之間，都覺得我們應該是大學生。奇怪地問：「為什麼沒有被軍長帶走？」我說：「我們是和尚，佛學院畢業，沒有受過高中的訓練，當然不知道大學是什麼！」那位軍官馬上鼓勵我們：「不管怎麼樣，佛學院不是大學，也應該是高中啊！不進大學不進官校，也應該去學生大隊啊！國家需要人才，你們這些優秀青年，趕快去接受幹部教育！」

因此，我們真的去報了名，參加入學考試。不考佛學不說，也不考國文和歷史，試卷是三角、幾何、代數三種，這是為了測驗正式高中程度的最好辦法。結果，我們之中只有一人，因為他在南京棲霞山讀過兩年高中，而被錄取之外，其他幾位，包括我自己在內，都交了白卷，真是丟臉！好在監考官並沒有指責我們，反而安慰我們說：「你們還年輕，來日方長，回去好好努力，明年再來！」另一位監考官還認為我們是故意交白卷，為了害怕幹部生活的訓練太緊、太苦。但是，到了同年的十月中旬，我已把初中程度的課程做了幾個月的準備，首先考取了步兵班長的教育。到了十二月中旬，又轉考了第六軍軍部報務員訓練班，這個時候，我大概已經是高中程度了。

讀者想來一定奇怪，在這數月期間，我又沒有進過正式的中學，進步哪有那樣的神速？其實，說穿了很簡單，我連續參加了三次考試，把每次的試題記住不少，再跟其他落選的同學互相研討，彼此幫助，同時也請教了那些已考取的同學，如何掌握考試的範圍與原則，我就是這樣非常取巧地考上了。那是我真的已經有了高中程度嗎？不敢相信，不過是幸運地被錄取了而已。

因為我是個佛學院出身的和尚，每次參加考試，都會遇上困難。加上我的體質、體重和身高不成正比，一公尺七二的身高，而體重則從來沒有超過五十二公斤，我曾經考過軍官學校，結果沒被錄取，然後考陸軍通信兵學校，幾乎也是要被剔了出來，就是在筆試的測驗，也老是不是名落孫山，就是險險地過關。不過我有一個信心：任何學校和訓練機構，不怕考不取，只怕不去考；只愁進不去，不愁不畢業。鍥而不捨地努力，一定會達成願望，程度不夠不要緊，加倍努力就趕上。這是我的信念，從進佛學院到各項的訓練班學校，乃至到了一九六九年進入日本東京立正大學碩士班，也都是抱著這樣的信心所達成的目標。

二、從戎不投筆

根據《後漢書．班超傳》：班超因為家貧，常為政府抄寫文書，以供生活所需，日積月累，頗感勞苦與厭倦，所以投筆而嘆：「大丈夫無它志略，猶當效傅介子、張騫立功異域，以取封侯，安能久事筆研間乎！」後人因以這個典故，就把棄文就武，稱為「投筆從戎」。其實，歷史上許多著名的武將，都兼具卓越的文才，所謂「允文允武」、「智勇雙全」的儒將，上馬殺賊，下馬賦詩，出朝為將，入朝為相。可見從戎未必需要投筆。

我是和尚，當然不是武人，既然側身軍伍，那就算是軍人。可是我隨時都在準備著回復僧籍、恢復僧相，從大陸隨軍赴臺之際，所帶的書籍之中，多半是佛典，另外是文學、哲學的書籍，其中還有一本厚厚的日記簿，每天就是再忙，還是會看幾頁書，寫幾行字，特別是每逢星期假日，以及由於風雨而無法到戶外出操之時，軍中的同事們，不是呼呼大睡，就是到福利社、小飯館，或者是小戲院等場所去消遣，以調劑軍中緊張、平淡而又枯燥的營房生活。甚至有一些軍官還勉勵士兵說：「睡眠重於營養。」假日最好痛痛快快地睡覺，既省事又省錢，尤其能夠減少外出的機會，等於保障士兵和軍隊的安全。而我應該是長官們最喜歡的一種人，利用空閒啃書本，除了在集訓期間、操課時段，不許有個人的時間之外，平常還是有不少的空閒可以讓我來支配，所以讀了很多書。特別是在部隊駐防時，屬於個人的時間更多，乃至於到了吹過熄燈號之後，我還可以從廚房的伙夫同志討一些花生油，盛在墨水瓶裡，在瓶蓋上鑽個洞，用破布條當燈芯，找一個不會妨礙他人睡覺的角落，點著看書。這樣的行動，雖然不受軍隊的團體紀律所容許，卻也能夠受到多半長官的掩護，睜一隻眼、閉一隻眼，裝作沒看見，也就算了。

一九五〇年的六月，我被從軍部的通信隊，以上士報務員的階級，分發到三三九師的一〇一六團團部所在地，臺北金山鄉的海邊，而在金山、石門、小基隆沿海一帶住了兩年多。一九五二年十月，由於部隊整編，我被調到臺北圓山忠烈祠，那是第六軍司令部的所在地。一九五三年六月，調到了桃園縣的楊梅鎮，同年的十二月就考取了在宜蘭員山的聯勤通信兵學校。一九五四年六月，隨著部隊的編調，我到了高雄縣鳳山鎮五塊厝的建軍營房，那是陸軍第二軍團司令部。好不容易從一九四九年到這個時候為止，我已經從上等兵、上士，而陞到了准尉軍官，算是我從軍過程中的一個大轉變。如果我不是和尚出身，而是正式的高中生，或者是身體再健康一些，經過五年時間，該已經是陸軍官校畢業，至少也是少尉和中尉的階級，陞得快的已經是上尉了。

在這五年之中，我也讀了不少的書，主要是一些中國舊文學，及西洋翻譯文學的作品，也看了不少當時能夠借到的哲學、政治、法律以及自然科學和社會科學等概論性的書籍。有的是從舊書攤上買的，有的是從各縣市的圖書館借的，有的是從用卡車載著到各鄉鎮乃至於海邊讓人借閱的巡迴圖書館借的。那是臺北市立圖書館、高雄市立圖書館等借書，其中有的是由他們的圖書巡迴車，有的是到他們的圖書館去借閱。這使得我充實了不少一般國民的通識和現代知識分子的常識。

這一階段，我已經沒有佛經可讀。我所到過的臺灣本省寺院並不多，像圓山、內湖等幾個寺院，所見的僧尼，幾乎都沒有讀過什麼書，也沒有年輕的人，除了幾本破舊的課誦本及懺本，根本不見有其他的佛經和佛書，當然更談不上有《大藏經》了。後來，到了鳳山佛教蓮社，讓我見到一本《楞嚴經》，而能借我一個星期，我已經如獲至寶。因為那裡只有一冊，他們不能以此相贈。臺灣之有經典流通，是在一九五二年之後，由錢召如居士等成立了臺灣印經處，以及張少齊居士等經營覺世圖書公司。但是，他們經費有限，原典的佛經不多，要看佛書的人也少，所以流通和發行的數量極少。正好讓我有了這麼幾年的空檔，讀到了一些佛教以外的書籍。

軍中青年用功讀書，都是為了自己的前途，準備考軍官學校或者是高普考及特種人員檢定考試等。因為我的體格既不夠投考軍官學校，也無意要在退伍之後做公務人員，所以閱讀的書籍似乎漫無目的。甚至於在金山鄉駐防的那一個階段，我們連上的一位官員，特別注意我的思想，並且認為我有問題，被叫去談了好幾次話。尤其，在那個年代，軍中如火如荼地，不知是誰發起了「刺青效忠運動」，有的人模仿岳飛在背上刺了四個大字「精忠報國」，有的在胸部，刺上青天白日中國國民黨黨徽，有的在兩條手臂刺上「三民主義萬歲」、「蔣總統萬歲」，那官員問我：「要刺什麼字？」我的回答是：「報國衛民，忠誠不二，心最要緊，何須刺字！」結果他說：「我看你是什麼人派來的吧！你說你是和尚，恐怕是一種身分的掩護。」在那時代，這是一頂非常可怕的帽子。

第二天，在我上課時，他去查了我的書籍和筆記本，發現我抄了一首唐朝的大詩人王翰所寫的〈涼州詞〉，那是一首七言的絕句：「葡萄美酒夜光杯，欲飲琵琶馬上催，醉臥沙場君莫笑，古來征戰幾人回？」因為這是厭戰的詩，跟李華的〈弔古戰場文〉同類性質，所以更加地使他懷疑。其實，我在前面已經說過，在那一個階段，我讀的文學作品很多，他應該仔細地看一看我那本筆記簿裡所抄的，還有很多唐、宋、五代的詩詞，乃至於元人的曲。我是拿來欣賞和背誦的，並沒有想到跟反戰、厭戰的問題連在一起。

好在這位官員來到連上不久，他未敢驟下斷論，所以去問了連上其他長官及老同志。當然，我在連上已經相處一年了，特別是我們無線電排的排長，他是一位西南聯大電機系畢業的行伍軍官，我們經常接觸談天，他沒有把我當成部下而是把我當成年輕的弟弟來看，尤其知道我是位和尚特別地愛護。所以這一場幾乎要我老命的風波，就算不了了之。但我也因為這一筆記錄，一直過了好多年，再也無人敢於介紹我加入國民黨為黨員了。這也可以說，那是我們當時所處時代社會的一種悲劇。

我在軍中，收穫最大的是把我的一枝筆鍛鍊了出來，在上海讀佛學院的時代，我的作文常常受到嘉獎，每次壁報必定有我的文章，在我們同學所編輯發行的一份月刊《學僧天地》上，我也發表過幾篇文章，並已養成了日常寫日記、看書做筆記的習慣。到了軍中，曾有一個階段，部隊的長官規定每人每天都要寫日記，一方面讓大家有機會發洩自己，同時也可以把意見從日記上向長官反應。最大的作用，能夠從日記上日積月累地發現士兵的思想，也是一種防諜的措施。我就用日記來每天發表自己的謬論。因此，不管是部隊也好，訓練機構也好，凡是要出壁報，長官都會挑選我為主編，擔任選稿、改稿、撰稿和編排的工作。我的毛筆字寫得很差，可是每次編輯壁報時，總是徵召我去披掛上陣。

在駐防金山海邊一帶的時候，閱讀文學作品，同時也學著寫作短篇小說、散文和新詩，常常向我們第六軍軍部的一份小報叫作《雄獅》的副刊投稿，從特約記者而成為特約撰稿員，連續做了兩年多，並且向社會的文藝刊物像《當代青年》等投稿。每一個月所得的稿費，往往要超過一個上士的薪餉，所以常常被同事和長官找去做「大頭」。事實上，我的錢還是不夠用，因為需要買書。雖然當時我的文字並沒有成熟，也不知道什麼是自己的思想，只是把自己能看到的、想到的、能夠鼓勵自己的、安慰他人的事，用真誠的心和樸實的筆，表達出來，奉獻給讀者。我也常常遇到思想上的瓶頸，和現實生活中的無奈。但是，當我看書和寫作的時候，就能為我化解了現實的迷悶，展現了內心的光明。

我在一九五三年，報名參加了李辰冬博士主辦的中國文藝函授學校，選的是小說班。當時的老師有謝冰瑩、沈櫻、趙友培等六、七位當代有名的文藝作家。因此，我拼命寫小說，短篇、中篇、長篇我都寫。當然我的人生經歷和學識的修養以及對於現實的觀察，都不夠深入，對於小說的寫作技巧也沒有練成，寫出來的中篇和長篇，尚未向雜誌、報刊投稿，便送去文藝獎的評審會希望得獎，其結果是可想而知了。被退回的那些作品，我對它們再也沒有信心，就給予付之一炬。到現在為止，我只留下曾經被刊於《文壇》雜誌的〈母親〉和〈父親〉兩個短篇，那是一九五六年的事，後來被收於佛教文化服務處為我出版的文集《佛教文化與文學》。當時的《文壇》雜誌，是由穆中南先生主編，他的水準相當不錯，跟他時代相前後的《野風》、《拾穗》、《暢流》等，都是差不多水準的文藝刊物。當時我也寫了很多的新詩，在不定期的新詩刊物以及幾家文藝刊物，用了很多不同的筆名，發表了幾十首新詩。到現在，卻一首也不見了。

到一九五六年的春天，因為我佛學院的一位同學，見我發瘋似地寫新詩、寫小說、寫散文，而卻得不到獎，成不了名，所以勸我改寫理論性的文章。他當時對於國際時事及三民主義的政治思想非常熱衷，所以勸我來分析國際時事，或者專寫政論的文章。這使我靈機一動，我也可以試著寫哲學和宗教的文章了。正好我的直接上司，一位無線電台的台長，是虔誠的基督徒，雖然知道我是和尚，還是送了我一部《新舊約聖經》。我花了兩個月的時間，很仔細地把它讀完，而且也做了不少的筆記。到了同年夏秋之際，讓我看到了一本基督徒批評佛教的書，那是因為有一位煮雲法師寫了一冊《佛教與基督教的比較》，引起香港的一位牧師，為了駁斥這一本書，他寫了一本小書。當我看了之後，覺得我也可以寫另外一本小書，把基督教牧師的理論駁斥回去。那本小書的內容有多少價值，觀點是否公正，不去管它，至少我已經能夠一口氣寫出了一篇長達四萬多字辯論式的文章。

這使我在當年秋季被調到國防部，駐到新店之後，就開始閱讀了一套《胡適文存》，以及羅素的《西方哲學史》中譯本，並且讀了香港王道先生主編的《人生》雜誌，這些都是富於思想性和觀念性的作品。因此，我也開始為香港的《人生》及臺灣的幾家佛教刊物如《海潮音》、《佛教青年》、《今日佛教》、《人生》等撰寫論述和思想性的稿件。

我每投一篇稿子，都能受到主編的讚賞和鼓勵。所談的問題分成兩類：1.是探討人生的問題，指出人生的缺陷、寂寞、蒼涼、痛苦，而提倡努力、昇華、超脫、安頓，並且相信定有一個美麗的未來境界，要我們人類共同去開創。這些文章，已經蒐集在佛教文化服務處為我出版的《佛教人生與宗教》那一本文集中。2.是探討宗教和文學的問題，曾經為了探討胡適先生的宗教思想而寫過兩篇文章。同時，因為讀胡適先生的《白話文學史》，發現其中有關於佛經體裁對中國文學的影響，連續地在第九章、第十章介紹佛教的翻譯文學，使我得到很多的啟發，便提筆寫了一篇〈文學與佛教文學〉投刊於《佛教青年》，運用我當時所具備的一點關於中國文學與西洋文學的常識，調和著我對佛教的粗淺認識，主張佛教徒應該多尊重文學的作品，而且要寫文學性的作品；作者要講究技巧，透過文學的筆觸，能夠明白如畫地表現出佛經的理念，應該寫出悲心主義的文學作品，同時呼籲讀者們重視文學作品，而不要把它當成雕蟲小技來看。那時我主張：「站在中國人的立場，採納西洋人的特長，表達大悲佛陀的理想。」這也正是我當時讀書做學問的三個系統的匯合為一，那就是佛教的、中國的、西洋的。那篇文章發表之後，得到當時佛教界的兩位文藝作家，分別撰文向我提出不同的看法，我也接受了這一場挑戰，而連續又寫了兩篇的文章：〈再談文學與佛教文學〉、〈三談文學與佛教文學〉。真所謂好漢不打不相識，最後這兩位都成了知己的筆友，那就是張曼濤先生及無念居士程觀心。

不論這三篇文字，所代表的思想是不是已經成熟，我當時要提倡佛教文學，重視佛教文學的用心，直到現在我還沒有後悔。也可以說，因為我自修過文學的著作和摸索過文藝的寫作，所以我能夠體會到要寫一篇文章，必須先要考慮到讀者是誰？他們是不是需要？能不能夠看懂？願不願意看我的文章？至少，要讓讀者讀我的文章不覺得是一種負擔、壓力，並且還能夠得到若干心靈的啟發和知識上的消息。否則的話，不論是存了多好心來寫文章，都是對於讀者們的一種虐待。我有了這一點心得，所以就不斷地有空就寫，一直寫到現在。

三、學佛與佛學

一九五六年八月，我的工作單位改到了臺北，那是因為考取了國防部的一個情報偵收單位，從事於無線電通信情報的偵收工作。那時候，雖然跟大陸隔著臺灣海峽，但是，每天都面對著大陸的無線電通信人員，連他們的性別、姓名，甚至年齡都清楚。雖然他們不知道我們的存在，或者是已經知道，可是不知道我們究竟是誰。這種工作，完全是看個人的勤惰而向上級提供成績。我還算是一個相當盡職的工作人員，所以也得到了幾次獎勵。

只是，這種工作必須是二十四小時，所以採用三班制：白天班、小夜班、大夜班。白天班是正常的工作時間，小夜班相當於一般公司行號的加班到晚上十二點，大夜班則由午夜十二點到早上八點。最難熬的是大夜班。特別對於我來講，每逢大夜班，第二天白天也是睡不著，正好用來看書、打坐、念佛。

這時候，可以到手的佛書已漸漸地多了，有的是從香港輸入，有的是在臺灣翻版，像大部的《華嚴經》、《大般涅槃經》、《法華經》、《金剛經》的註解，還有，當時的印順法師正在擔任臺北善導寺的住持，他的學生演培法師，在新竹福嚴精舍任教，我於假日去善導寺，偶爾會見到他們，而演培法師知道我喜歡看書，就蒐集了印順法師所有的著作，以及他自己的著作和譯著，贈送給我，這使我既有時間，又有書本可讀了。

做為一個佛教徒，本來就應該學佛與佛學不可分割，依據佛學的義理和方法，做為修學佛道的指標和依歸。如果僅僅研究佛學，那是一般的學者，可以用來做為著書立說、上課、演講的資料，甚至於做為謀取生活所需的工具，對於歷史文化的探討和介紹是有貢獻的，而對於他們自己的精神生活，乃至於人格的影響，品格的昇華，並沒有太多的作用。因此，這樣的人，被佛經裡形容成為「說食數寶」，也就是光念菜單而不享用，代人計算財寶，不屬自己所有，皆無實益可言。

然而，一般的大眾，信仰佛教，並且也會念佛、吃素、打坐、誦經、拜懺，可是並不在意佛法義理所在，不懂有漏、無漏、有為、無為、世間法、出世間法、入世、出世，乃至佛法和外道等的異同之處。從外表看，他們的確是佛教徒，當跟他們對談之後，就會發現他們和附佛法的外道，或者是民間信仰的神、道教並無兩樣，真是非常可惜的事！

正因為如此，自古以來的高僧大德都主張行、解並重，如鳥兩翼，如車兩輪。解而不行故無益，行而不解是盲從。基於這樣的理念，我當然是主張知行一致。因此，當時我對王陽明所提倡的「知行合一」的哲學非常地贊同。雖然當時的全國上下都在以中山先生的「知難行易」學說來勉勵每一個人，我也能夠接受。若從「即知即行」、「即行即知」、「行解相應」的觀點來談，學佛與佛學是絕對地正確的。若要求大家「徹知徹悟」而後行，那就錯了，因為凡夫都是「後知後覺」者，所以孔子說：「民可使由之，不可使知之。」也是對的。中山先生在他的《孫文學說》裡，對這個問題舉了很多例子，直到現在，我對於沒有信佛教的人也是這樣的鼓勵，不需要精通佛教義理之後才開始信佛、學佛，應該開始了信佛、學佛之後，同時要增進對於佛法的理解。許多人，希望在了解佛法之後，要待能夠持戒清淨，才來成為佛教徒，如果真的如此，那就永遠沒有成為佛教徒的機會了。

在一九五七年開始，臺北佛教界的幾本刊物的負責人，知道我會寫文章，而且是在臺、港幾家文學及哲學性的刊物投稿，也知道我寫了一本有關基督教與佛教的小書，所以紛紛向我約稿。我也正在希望把當時看到、想到、接觸到的若干佛學理論和佛教現狀的問題，寫出來分享給我們這個社會的讀者大眾。也可以說，這是我長久以來的心願，要把正確的佛法和艱澀難懂的佛經佛理，用人人都能接受、看懂的文字表達出來，提供給需要佛法的大眾。所以，能有幾個刊物，提供我發表的園地，真要感謝他們！縱然，這些刊物雖有定價，但是賣不了錢，對於作者也就不會提供稿酬。然而，對我來講，金錢不是問題，只要有人能夠看我的文章而接受佛法，我就感到滿足了。當時我用了幾個不同的筆名，其中以「醒世將軍」用得較多，直到現在，還有不少五十歲以上的佛教徒，就是因為當時看了「醒世將軍」的文章而信佛、學佛的。可是，他們多半已經不知道那究竟是誰了。

近世以來，從佛教徒本身的表現來看也好，從學者們對於佛教的認識和價值的評斷來看也好，可以用幾個名詞來說明：迷信、消極、不生產、分利分子。其實，釋迦牟尼佛所創的佛教，並不是這個樣子，出家僧團中的僧人，每天都有他們該做而須做的事，那叫作精進的修行，而且也不脫離人群。例如釋迦牟尼佛制定比丘必須向人間托缽，藉此機會將佛法的理念和精神以及佛教徒的生活軌範、五戒、十善，傳擴到人間去，所以稱他們為遊化人間的「人間比丘」。

有一次，釋迦牟尼佛向一位農夫托缽乞食，那位農夫請問佛陀釋迦牟尼：「我們種田，所以有食物吃，你不種田怎麼也要吃？」佛陀的回答是：「你種田，我們沙門比丘也種田，你是種山野的泥田，我們是種廣大眾生的心田。」農夫聽了，非常歡喜。而傳到中國的佛教，因為社會的風俗輕視乞丐的行為，所以比丘只有在寺院的山林裡自耕自食，就像唐代的百丈禪師當時所說的：「一日不作，一日不食」的農禪生活，也沒有不事生產。

然而，到了近世以來，大的寺院靠山林和農地的租收維持，小的鄉村和城市的寺院，就靠香火、經懺和信徒的應酬交際來維持。他們未必沒有課誦或禪修，但和整個廣大社會的群眾脫節卻係事實。也由於這樣的原因，寺院的經營，既不是為了教化社會，對法的弘揚也就顯得並不重要，既然不需要弘揚佛法，也就沒有人來培養弘法的人才和感到弘法人才的需要，以至於佛教給人的印象和看法，就變成了逃避現實，與世無益，甚至迷信有害，而應加以廢止和淘汰的宗教。

這也就是為什麼近代的楊文會仁山居士，要提倡刻印佛經、流通佛書，並且成立學院，培育僧俗的弘法人才了。他的學生太虛，起而提倡「人生佛教」；太虛的學生印順，繼而主張「人間佛教」；我的師父東初老人，則辦《人生》月刊；而我自己在臺灣創立「法鼓山」，目的是在「建設人間淨土」。這都是為了挽救佛教慧命於倒懸的措施，也是回歸佛陀釋迦牟尼本懷的運動。

一九五七年到一九六〇年之間，我針對著這些問題，寫了十多篇文章，就是為了釐清這些問題。例如寺院以經懺佛事做為經濟收入的主要來源，便使得僧眾以念經、拜懺、念佛的修行當作謀利的工具，而失去了修行的意義；信徒們跟寺院來往，要求代為誦經拜懺，並議價計酬，一卷經多少錢，一部懺多少錢，兩個小時多少錢，一天多少錢，便使得三寶之一的僧寶，失去了值得敬重的尊嚴和地位，而把他們當作木工、裁縫、廚師等等的僱傭同等看待，所以不稱「師父」而叫「師傅」了。可是，幾百年來，佛教中還是依靠經懺而苟延殘喘地維繫了下來，也有它不可磨滅的功用。為此，我便寫了一篇〈論經懺佛事及其利弊得失〉的萬言長文，我的結語是：「佛事總是要做的，不過，理想的佛事，絕不是買賣，應該是修持方法的實踐指導與請求指導，因為僧眾的責任，是在積極的化導，不是消極地以經懺謀生。」

「各道場盡可能皆以弘法為要務，盡可能都以信施（不是買賣）來維持。不得已而非做『經懺』不可者，則佛事是齋主與僧眾雙方的修持，凡做佛事，僧眾固該如理如法，虔敬以赴，齋主合家，也該跟隨僧眾，參加禮誦，以其超薦先亡的機會，共浴佛教的甘露法味。最低限度也得於佛事之中，增加一個節目——向齋主說明佛及佛事的大意。唯有如此，庶幾不將僧眾，當作計時賞酬的工人同等看待，庶幾不失佛事之為佛事的莊嚴。」

另外，認為佛教消極，對社會沒有貢獻這種形象，我也屢次提出了說明，例如：

（一）我在〈人心的安頓和自性的超脫〉那篇文章裡邊說到：「一般學者，往往攻擊佛教的自私和遁世，說佛教主張涅槃寂靜，主張超出三界，而不將自己貢獻出來，美化這個現實的人類社會……。粗看起來，佛教講求個人自性的解脫或昇華，好像是自私的，事實上，這一自私的終點正是慈悲精神的圓滿表現，自私是為個人的超脫，但要求得個人的超脫，又非以慈悲救世的心量和行為來換取不可……。」

（二）又在〈理想的社會〉那篇文章裡曾提到：「世間淺見人士，都以為佛教的人生，過於消極，因為學佛的最後目的是在超脫三界，離開這個世界，而不是來努力於這個世界的建設。事實上，離開這個世界是學佛的目的，建設這個世界才是學佛的手段。」

「佛教的教化，是在使得人人各安本分，不但『諸惡莫作』而且『眾善奉行』，凡是有害於一切眾生的事情，佛教徒不會去做，凡是有益於大眾福利的，佛教徒則『從善如流』。」

正由於我有這樣的想法，故對太虛大師「人成即佛成」的主張，相當認同，對印順法師《佛在人間》那一本書，也很讚歎。佛教，應該是落實在人間社會，然後逐級提昇，而到達佛的果位。斷不能否定或者忽略了它的人間性而空談菩薩與佛的境界。

在這時代以前的中國佛教，大概是從宋末至清末民初的階段，僅有少數的學者們研究高深的佛理，卻忽略了人間的實用性。普遍地，佛教徒們無從理解佛法的實用性及合理性，僅落於形式的、軀殼的信仰，那就是因為學佛與佛學不能兼顧並重，而產生了嚴重的流弊所致。

出家與回家

一、我真的出了家

從一九四九年五月入伍，到一九六〇年元月正式退伍，這一段的軍旅生涯，超過了我少年時代出家做和尚的年數。但是，我總覺得，自己還是個和尚。雖然在軍中的身分是軍人，我內心卻不曾想到過我不是和尚。因此，一旦奉准退伍，自然而然地又回到了佛教的僧團。所以，對我而言，這不是再度出家，而是回家。

我少年時，在中國大陸狼山出家的因緣，已在前面說過，也曾把當時的心境和再度出家時的心情，在我的自敘傳《歸程》裡做過這樣的描述：「我在十四歲的時候，曾經為我的出家而編織過一個美麗的夢……。狼山的環境，像畫一樣的美，像詩一樣的可愛……。正因為我是抱著欣賞畫與詩的夢想而去狼山的，那跟出家與學佛之間有著一段距離，所以我也畢竟沒有保住那個出家的身分。不過，那個夢是做錯了，那條路是走對的，所以繞了一個好大的圈子以後，依舊走上了原來的路。」

在軍中十年多的時日之中，並沒有浪費生命，對國家付出了我的奉獻，對自己也做了相當多的充實，那是一段成長得非常辛苦而又值得回味和珍惜的歷程。不僅是在學問上，已經不是當年的「吳下阿蒙」，就是對佛法的體驗上，也曾經過幾番的突破，特別是在我二十八歲的那年，曾經由於近代禪宗大德虛雲老和尚傳人，靈源和尚（西元一九〇二—一九八八年）的接引，而得到一個入處。這使我的生命，就好像是從一個自我作繭的鐵罐裡蹦了出來。

我的生命不僅不再屬於自己所有，也不必要說是拿來奉獻給我們的世界和一切的眾生，只是想到如何地做，如何地學，才是佛教所需要的，以及人間所需要的。

這一次的出家，是依止鐙朗東初老人（西元一九〇七—一九七七年）為剃度師，他給我的法派字號是「慧空聖嚴」。他是太虛大師的學生，也曾經擔任江蘇省鎮江的名剎，屬於曹洞宗系的焦山定慧寺方丈。他是曹洞宗的創始人洞山良价下第五十代傳人，同時他也在臨濟宗下常州天寧寺參學，也在臨濟宗普陀山系的寺院出家，所以一人傳承曹洞與臨濟兩支法門。因我跟東初老人出家，在法系上也同時繼承曹洞與臨濟兩流。這在以一個出家人來講，似乎有些複雜，其實正可見其殊勝，佛法本來一味，若要分河飲水，乃為智者不取。

在此，我必須另做一個溯前追後的敘述，因為我除了從東初老人得到兩系的傳承，另外，在一九五八年春，跟靈源和尚結了法緣之後，直到一九七八年十二月五日下午二點，他才正式賜我法派字號叫「知剛惟柔」，也給了我一份法脈傳承譜《星燈集》，這使我又跟鼓山湧泉寺，臨濟宗派下的法脈有了傳承的關係，而成了臨濟義玄之下第五十七代傳人。

二、編輯和寫作

我從軍中退伍，正式拿到的退役令，是從一九六〇年元月一日生效，而我再度出家披剃改裝的日期，則選在一九五九年農曆十二月初一日。因為我是因病而從軍中徵退，所以打算重回僧團之後，能好好休養身心。一方面藉以懺悔軍中十年來的恣意和放逸，同時抖落一身軍旅生涯的風塵，也希望鑽進東初老人所蒐集的佛教藏書堆中，飽餐一頓。當時的臺灣，大部而整套的佛教文獻，只有中央圖書館藏有一套《磧砂藏》。也只有中華佛教文化館，是做著文化及出版的工作，例如將日本在大正時代編成的一部《大藏經》正續兩編共一百大冊，於一九五九年，在臺灣影印完成了五百套，並將日本另一部計由五十九種禪宗著作編輯而成的《禪學大成》完成影印。而東初老人本身是一位佛教史學的專家，到他圓寂為止，曾經完成了《中印佛教交通史》、《中日佛教交通史》、《中國佛教近代史》。所以在當時的臺灣能見到如中華佛教文化館那樣多藏書的佛教道場，相當不易。

東初老人為了用文字達成宣揚佛法的目的，繼承太虛大師的遺志，鼓吹「人生佛教」的建立，所以從一九四九年五月，便集合了幾位志同道合的佛教青年，發行了一份月刊，就叫作《人生》，前後經過十多位主編的耕耘。當我投到東初老人座下之時，正好當時的《人生》主編提出了請辭的要求，我也就順理成章地，由該刊作者的身分，一變而成了它的主編。直到我往臺灣南部山中禁足為止，前後為它服務了兩年。

在這段時日之中，我的身體健康，始終沒有好過，經過氣虛無力、頭昏、氣悶、手軟、腳冷、食欲不振、腸胃失控。很多人說，釋迦牟尼佛在菩提樹下成道之前，就遇到種種的魔障，我這一點小毛小病算不了什麼！好在有一位前輩的長老，介紹了一位漢醫給我診斷之後，開了兩付藥膏，繼續服用了半年，身體才算從奄奄一息之中漸漸好轉過來。

但是，那一個階段，佛教界能夠為《人生》月刊提供稿件的不多，而且沒有稿酬，開發稿源相當困難，我真佩服前任的幾位主編，真是神通廣大，竟然能夠每月按期出版。因此我向東初老人請教箇中祕訣，他的回答是：「有什麼祕訣啊！沒有人寫自己動手。每天只要寫一篇，一個月就有三十篇了，然後，每篇都給它一個作者的筆名就成了。佛法那麼深廣，人間的問題是那麼地繁複，每天從所聽、所聞、所讀、所觸、所思之中，有寫不完的文章，大好的題材，俯拾即是！」

因此，我就向他請求供稿，他的回答更妙：「不會寫文章的人來編《人生》，我沒有辦法，只好寫嘍！如今你是很會寫作的人，而且我也老了，當然是你自己來寫。」

就這樣，從社論到編後記，我只好埋頭苦幹了。幸而，還有兩位長期供稿的居士，為我們的《人生》消化了若干的篇幅。他們的文章，雖然都是長篇大論，充滿了思想學問，也頗深入，但對於一般的讀者大概都略顯深澀。好在每期出版的數量不多，只有一千份上下，而且總有一、兩篇富有可讀性的文章。特別是偶爾由東初老人口述，而我筆錄成文的社論，經常是「擲地有聲」之作。

我為《人生》向各處邀稿、徵稿、求稿，佛教內外的幾家刊物也向我逼債，這使我除了為《人生》編校和撰稿，也得應酬外邊向我索稿的壓力，在健康狀況如此衰弱的情形下，實在感到寫文章是一樁大苦事。尤其，我編的這一份刊物，它的編輯部、發行部和財務部的辦公室，都在我的斗室裡。工作人員除了我還是我，常常為了版面的調整、新聞的穿插，乃至於一、兩個字的更正，必須親自從老北投火車站到萬華的一個矮小局促的印刷廠，跟排字工人打交道。雖然他們對我的態度都很好，可是每次出版，總要往印刷廠跑上五、六次，也就不是什麼好玩的事了。而據我所知，當時不管是佛教內或佛教外的文化界，大多數是在如此的情況下，把書刊一本本地出版了，送到讀者手上的。可見，文化工作的從業人員，應該具備如此的奉獻精神。

在那段時間裡，我也設法多讀一些大部頭的經論，利用編寫工作之餘，害病求醫之暇，讀完了一部八十卷的《華嚴經》、四十卷的《大般涅槃經》，一百卷的《大智度論》則只看了二十多卷，同時除了早、晚課誦及禪坐之外，我還每天禮拜一炷香的「大悲懺」。使得病弱的身心安住在信、解、行的三個原則之中。

三、求戒的記錄

一九六一年農曆八月，我在基隆八堵的海會寺，依道源能信長老（西元一九〇〇—一九八八年）座下，求受沙彌、比丘、菩薩的三壇護國千佛大戒。佛教稱受戒的道場為「懺悔堂」，我本希望在戒場之中，除了努力學習戒律之外，好好懺悔，多拜些佛。可是，進入戒場第一天，就被選為沙彌首，等於現在一般學校訓練班集訓之時的學員長，要為全體的新戒學員服務。接著戒場的書記真華法師為了提拔我，很慈悲地向道源長老推薦我擔任《戒壇日記》的執筆工作。他們的理由是：1.我從小出家，本來就是和尚，來為新戒大眾服務，一定能夠得心應手，如理如法。2.我已經是個著書立說、擔任編輯的佛教界作家，應該要為這一次的傳戒大會留下寫實的記錄，由我執筆寫戒壇日記，是最適當的人選。

如此一來，我就被擺布得團團轉，凡是課堂以及各種的活動，我都必須參加，而且先到後退，照顧全場，留心全程。早上要起得早，晚上要睡得遲，白天沒得休息。凡是課堂，我還不能像某些戒兄那樣偷閒打盹，否則不僅要受戒師的罵，還要挨戒兄大眾的怨。真如俗話所說「出風頭的椽子先爛」，十手所指，十目所視，暴露在大眾的眼光下，無所遁形。

不過，這兩個身分與職務，鍛鍊了我的體魄、信心，以及待人、處事的能力，同時，也讓我提高學習的要求。到受完戒為止，經過四十天的訓練，在一百多位同戒之中，獲得心得最多的，可能也是我。我把戒場的各項規則、活動的次第，不但記在腦中，也寫進了日記。把每一位戒師的開示，以及他們對於戒律內容的解釋，例如《毘尼日用切要》、《四分律比丘戒本》、《梵網經菩薩戒本》的內容，我都把它們扼要地記錄下來。到最後就完成了一冊將近十三萬字的《戒壇日記》，交給戒場「海會寺」印行出版了，供給在那場戒期之中的相關人員，做為永久的紀念和參考。直到現在，當我翻閱那本日記之時，還有歷歷如新的感覺。

臨出堂下山之前，我們的教授和尚白聖長老，知道我在戒期之中，備極辛勞，同時也未必能夠面面俱到，偶爾會引來一些指責和怨言，所以向大眾給我慰勉，而說了四句話：「受戒切莫當班頭，生活行動不自由，戒師罵來戒兄恨，含著眼淚向內流。」

長老能夠對我這樣的慈悲與愛護，當然相當感激，可是我對於戒場所見所聞，並不感到滿意，因為戒師們多半只知道照本宣科，古人怎麼說，他們也怎麼說，過去人怎麼做，他們也照著做，戒子們聽不懂的，他們可能也不懂，特別是戒律學中的名詞，往往是用梵文的音譯，在漢地的中國文化中，沒有那些東西，沒有發生過的事，的確無法用相當的中文來表達，再加上中國的古人，解釋戒律學中的種種問題，都用極為間接的文字來說的。現代人，如果缺少古來學者們那樣的學識基礎和文化背景，看起來還是不知所云。在受戒場中，新戒都不會發問，戒師說什麼就聽什麼，遇到許多不懂和不通處，他們還以為應該就是這樣子的罷！我每每不便在課堂發問，而在課後請教戒師。倒是道源長老，不只一次地對大眾說：「戒律深奧難懂，所以律宗弘揚不易，希望諸位新戒菩薩發大弘願，親自去看律藏，加以研究發揚。」我當時發現，佛教的戒律，不管是出家戒或在家戒、聲聞戒或菩薩戒，不僅僅是在義理方面需要下大工夫做一番釐清，就是在對今日世界、現實社會的因應而言，也需要做大幅度的審視。否則，等於執死方而應變病。徒見重視戒律之名，而缺少淨化人心、淨化社會之實。這也是使我在受完戒之後，便去全力地背誦《四分律比丘戒本》以及《梵網經菩薩戒本》的原因。這也成了我不久之後去專攻律藏的動機，希望自己先懂，再讓人家去懂，先自己去用，再讓人家來用。

戒律與阿含

一、戒律學並不難

我在一九六一年秋天，受了三壇大戒之後，十月的下旬，回到北投中華佛教文化館的東初老人座前，只住了不到一個星期，就辭去了《人生》月刊的編務，便向東初老人告假，準備到臺灣的南部山中，閱讀藏經，他老人家雖然不希望我走，可是，也沒有辦法留下我，當我向他頂禮告假之時，他卻非常地愉快，做了簡短的開示，同時賜了我一疊鈔票，以備我在山中零用。

我所去的地方，是一個交通非常不便，物質條件相當落後，而卻又是風光綺麗的地方，那就是高雄縣美濃鎮廣林里。那座山的名稱，俗稱「尖山」，寺院大眾則稱它為「大雄山」。寺的名稱叫「大雄山朝元寺」。那兒只有一個七十來歲的老和尚，以及幾位比丘尼和優婆夷。因為交通不便，不是香火的地方，也不是經懺道場，而是靠寺院住眾種植麻竹和荔枝，正是一個農禪的家風，所以非常安靜，不過現在已經成了高雄觀光的重點之一，叫作「黃蝶翠谷」。當時一個月之中，難得有幾個人上山去拜佛，這是我的大福報，雖然曾有一段時間，我沒有錢買牙刷、牙膏、肥皂，乃至寫信向外聯絡的郵票都沒有。好在，山中冬暖夏涼，而春秋的時間相當長，所以日子過得很快，也非常安樂，真所謂「山中無甲子」，但又是夜夜是滿月，日日是好日。那一段時日，使我直到現在都非常地懷念，在我的生命史上，應該是一個非常重要的階段。我在那兒，修養身心，調整身心。我先拜大悲懺，後拜彌陀懺，再拜《法華經》，除了早、晚的課誦，也有早、晚的禪坐，而打坐的時間比較多。

不過，我沒有中止閱讀，也沒有停止寫作，由於在戒場的感受，所以發願先看律藏，「朝元寺」正好也向中華佛教文化館請購了一部影印的《大藏經》，它的第二十二、二十三、二十四，三大冊都是屬於律部，又由我的幾位戒兄陸續地寄給我好幾種難於求得的單行本律學的著作，全為《大藏經》律部未收者。特別是淨空戒兄借我看了《弘一大師三十三種律學合刊》，使我在浩瀚的律藏之中，痛快地泅泳了一番。

首先我就寫了兩篇文章，就是後來收入《佛教文化與文學》之中的1.〈優婆塞戒經讀後——如何成為理想的在家菩薩〉，這是寫於一九六一年的六月；2.〈弘一大師三十三種律學合刊讀後〉，寫於一九六二年的三月。當時我對於菩薩戒就有這樣的看法：「《瓔珞經》中說，有戒可犯是菩薩，無戒可犯是外道；所以有戒而犯者，勝過無戒而不犯；受了菩薩戒，發了菩提心的人，即使犯了戒，犯戒的罪業雖重，並要遭報，但其必將由於他曾受過菩薩戒，而可決定得度成為真實的菩薩，乃至證得無上的佛果……故我希望在家弟子們，均能發最上心，求受菩薩戒。」

這樣的思想，直到現在我還沒有改變。中國的佛教號稱大乘，也就是菩薩乘。信仰大乘佛教，修學成佛之道，必須通過菩薩的階段。發起無上的菩提心，是從菩薩行開始，如果不受菩薩戒，則是非常矛盾的事。

對於弘一大師的律學思想，我也有看法：「自古高德立言，往往都是述而不作，這是表示對於立言態度的謹嚴，也是對於聖教的尊重，所以弘一大師的著述中，每以整理為主，說明為輔，而未達到弘揚介紹的目的……在萬不得已時，才略添自己的意見，予以說明。但他治律，雖以遵古為本，但又不落泥古的迂腐，這是最最難能做到，也是最最難能可貴的事。」

我讀任何書，非常重視對於資料的運用和正確的說明，但也留心文章的作者，對於他所表達的意見，能否溫故知新，指出同異，又能導入一個使人有合理遵循的原則和方向。希望自己也能做到既不是食古不化，也不是自說自話。

任何學問，都是熟能成巧，否則就是隔行如隔山，我並不是對於戒律有那麼大的興趣，因為人人都說它難懂，所以我才嘗試著去懂它。當我最初打開大部的律藏，先讀律論，然後看諸部廣律，而所謂諸部廣律是指：《五分律》、《四分律》、《摩訶僧祇律》、《十誦律》、《根本說一切有部律》等。它們都動輒是三十卷、四十卷、五十卷、六十卷，卷帙浩繁、內容繁雜、名詞陌生、敘事瑣碎，可是當我看律的時候已先把一本比丘戒和比丘尼戒的戒相、條文背熟，然後一部律一部律，對讀下去。我是以《四分律》為基準，然後把其他的諸部來相互對照，就能看出它們之間的多少出入。當時，我雖不懂梵文，那些由梵文音譯的戒律名相，經過對讀，和通盤地考察、過濾之後，就知道那些名相是在表達什麼，代表著什麼，有什麼作用。無非是人名、地名、物名和事相名。當然也有為了表達一語多義而用音譯，可是並沒有像密教所傳的那樣，因為祕密不可說而用音譯。至於律中看來非常繁瑣的規定和軌則，如果把它歸納為一種生活的方式，從個人的到團體的、從寺內的到寺外的、從觀念的到行動的，貫串起來看，也只不過是我們僧團的日常生活中，身邊和手邊發生的事而已。不過，要具備一種心態，那就是不要以生活在現代環境的我們來看律藏，而要把自己所處的生活環境從歷史上倒退兩千五百多年，也生活在釋迦牟尼佛時代的僧團之中，每次都跟他們起居作息，那你就覺得是很平常的事了。就像一個從來沒有經過世面的鄉下少年，一旦送入一所非常現代化的學府求學一樣，最初是不習慣，漸漸自然而然地也被同化。所以我說戒律學不難。

二、適合時代的戒律

我從一九六一年到六四年，在高雄山中把當時我能夠蒐集到的有關戒律學的著作全部讀過，若干重要的律書，則讀了兩遍到三遍，邊讀也邊寫筆記，並且分類地逐篇整理，最初我並沒有計畫要寫成一本怎樣有系統的律學著作，只是有了想寫的動機。由於我向南洋的《無盡燈》月刊投稿，發表了一篇有關戒律的文章，受到該刊的負責人竺摩長老的鼓勵，輾轉地捎來十元美金，並說將要為那篇文章印成小冊流通，接著又得到更進一步的慨諾：當我寫成戒律學的專著時，若我無力出版，他願資助印費。也許是由於得到這樣的鼓勵，我就一篇一篇地寫了下來。到了一九六五年，便累積成書，交給星雲法師的佛教文化服務處發行，那就是長達十九萬言的《戒律學綱要》。

該書共分七篇，依次是〈緒論〉、〈皈依三寶〉、〈五戒十善〉、〈八關戒齋〉、〈沙彌十戒與式叉六法〉、〈比丘比丘尼戒綱要〉、〈菩薩戒綱要〉。這是一本怎樣性質的書呢？我在該書的〈自序〉中，有如下的幾句話：

「我是試著做復活戒律的工作，而不是食古不化的說教。當然，我的目的，雖求通俗，但在盡可能不使讀者厭煩的情形下，仍將戒律學上各種主要的問題，做了應做的介紹和疏導。所以，本書也徵引了各部律典及古德註疏的重要資料，並且盡量註明出處，以便讀者做進一步的研究參考；唯恐讀者對於書中所引原文以及若干專有名詞的隔閡不解，故也適度地採用夾註說明。……本書的性質，是通俗的，是研究的，更是實用的。」

以往凡是研究戒律的人，都會堅持他們宗派門戶的立場，直到近代的弘一大師也不例外，而我寫這本書，只是在介紹佛的戒律，我沒有想到我是不是南山律師道宣《四分律》的傳承者。我不敢說對戒律學含英咀華，但是我總盡力地保持沒有立場的立場，來把釋迦牟尼佛所制的戒律精神和目標凸顯出來，介紹給現代社會的人，讓他們懂得，而且願意接受著去用，所以在我的〈自序〉中，也說道：「從大體上說，本書受蕅益及弘一兩位大師的影響很多，但並沒有全走他們的路線，乃至也沒有完全站在南山宗的立場。」

由於我這一本《戒律學綱要》的出版，有不少人因此而發心皈依，或發心出家，或發心受菩薩戒。而且被幾個佛學院採為課堂的教材，大陸南京金陵刻經處，也將這本書翻印流通。另外值得一提的，以往凡是研究戒律必定被稱為律師，他們自己也以律師自居。可是，在明末的蕅益、蓮池兩位大師，也有關於律學的著作，卻未被視為律師，而我自己雖然研究戒律，既沒有自己覺得是律師，也沒有被人家公認為律師。我只是根據佛的制度，做為一個出家的比丘，至少應該知道我們的生活軌範是什麼，了解戒律的「開、遮、持、犯」，這是出家人都應該具備的常識。

三、《阿含經》是佛法的基礎

我在研究戒律的同時，發現也必須要通達《阿含經》，所謂五部的戒律是屬於釋迦牟尼佛涅槃之後弟子們各自分化一方，由於印度的語言複雜，民族背景不同，所以要適應每個地區不同的環境分類傳播佛法，就自然形成了所謂部派佛教的事實，每一個部派都有他們自己傳承的戒律和經典，當時印度有十八或二十多個部派，照道理應該就有那麼多不同的戒律學和不同的阿含學。但是，我們現在所能見到的只有戒律學的四律五論，而《阿含經》也只有四種。

我看《阿含經》的動機，有兩點：1.戒律中常常把「正法律」三個字連用，又說「毘尼住世，正法住世」，也就是說佛法和戒律是不能夠分家的，而《阿含經》明法，《毘尼》明律，非常明顯。正法也是正律。正法是對邪法而講，正律是對邪律而言。在律中有法，法中有律，例如律宗常說：「少欲知足，知慚愧。」那實際上就是一種佛法。在佛法中所說：「正語、正命、正業」實際上就是戒律，因此，我在探討戒律的同時，也勤讀《阿含經》，那就是《大正藏》的第一、二的兩大本。所謂《四阿含經》是指：《長阿含經》、《中阿含經》、《增一阿含經》、《雜阿含經》。2.我看了印順法師的《佛法概論》就是把《阿含經》的內容用他自己的組織法，分門別類，很有層次性地介紹出來。他所謂的佛法，在《阿含經》之中已經全部都有了，以後大乘佛教的思想發展也都是根據《阿含經》而來，不像一般學者編寫的佛教概論和佛學概論，則將大、小乘佛教分開，而又分宗、分派、分系來介紹那樣。

當我閱讀《阿含經》之際，做了不少的卡片，我是把同類的名詞、同類性質的觀念把它集中編錄。例如同一個名詞、同一個觀念，出現在不同的地方，有不同的表現和不同的作用，所謂「同類異義」，也有「異類同義」的，譬如說：羅漢的禪定在不同的地方，就有不同的敘述，綜合起來，才能夠得到全盤的印象，而且能夠告訴你，那個是重點所在。譬如對於「三寶」的解釋和「僧寶」的意義，以及皈依僧寶究竟是皈依什麼，這可以在不同的出處出現，而讓我們得到最後的結論。當然像這樣的卡片製作起來，只有我自己能用，當時並沒有人告訴我讀書的方法和做筆記的技術，這樣的作法，好像是在為《阿含經》做索引編辭典，其實不太一樣，讓我自己用自然很好，若讓他人用，根本不是辭典。

因為當時沒有想到要把研究《阿含經》的心得寫成一本專書，所以那一堆筆記常常跟著我到處流浪，但是跟著我也有好處，當我要思索某一些佛法的問題之時，除了查字典、查原典，而我的筆記也是最好用的一種原始資料。

在一九六三及六四年之間，臺中《菩提樹》雜誌的朱斐居士，常常向我要稿。那是一本通俗的刊物。為了把正確的佛法和真正的佛教介紹給社會人士，所以用一個問題、一個問題的答問方式，寫出簡短的散文，來向大眾澄清佛教不是迷信而是正信。先後寫了兩年，一共有七十個題目，我的根據主要就是《阿含經》。後來到一九六五年元月，也同樣交給佛教文化服務處出版發行，書名即為《正信的佛教》，當時我在〈自序〉中有這樣的說明：「佛教自印度傳入中國，雖已有了一千九百年的歷史，中國的整個文化，也都接受了佛教文化的熏陶，佛教的根本精神，卻因為民間固有的習俗加上神道怪誕的傳說而湮沒。故到晚近以來，許多略具新知的人們，竟把佛教看作充滿了牛鬼蛇神的低級迷信……因此，促使我根據個人的研究所得，配合時代思想的要求，並參考了太虛大師及印順法師的一部分見解，想到了七十個看來淺顯而實際重要的問題……。」

這一本書現在已成為佛教界的暢銷讀物，它的發行數量，超過一百萬冊以上，它的發行地區，遍及臺灣不說，還到香港、東南亞以及歐美等地，凡是有華人佛教徒所在之地，幾乎就可以看到這一本書，連同中國大陸，也在一九八〇年以來不斷地用簡體字印刷流通，可見《阿含經》對我的幫助，也增加了我對佛法的基本信念。

宗教與歷史

一、宗教戰爭

從中國佛教史的高僧傳記考察，凡是重視於戒律的探討者，也必重視歷史的事實，同時也會著眼於內外之分的宗教問題。例如唐之道宣律師，重視歷史，也重視戒律，所以留有三部不朽的著作：1.《唐高僧傳》，2.《四分律行事鈔》，3.《廣弘明集》。梁之僧祐律師撰有：1.《出三藏記集》，2.《弘明集》。《弘明集》及《廣弘明集》是蒐集跟護法有關的資料，包括儒佛之辨、釋道之辨、夷夏之辨。他們都飽讀經史，也博涉外書。目的是在護持佛法，伸張正理。

我當然不敢和先賢古德相比，但我發覺：佛教的環境已被教內教外所汙染和誤解，教內的人不知如何來宣揚佛法，住持三寶，也不知愛惜羽毛，反省檢討，糾正積習，重振法運；而外在的社會除了反宗教的唯物思想之氾濫，又有基督教挾著西方科技文明的力量，對中國的佛教，做秋風掃落葉式的破壞。例如近代學者蔣夢麟先生的一部名著《西潮》之中，就有這樣的看法。這真所謂內憂外患，佛教何得不衰，何得不亡。因此，面對佛教的內部以及基督教對佛教所採取的行動，我都相當重視。我在寫完《評駁佛教與基督教的比較》之後，陸續又寫了三篇：1.一九五九年，我針對胡適先生的宗教觀，寫了一篇〈關於胡適思想的宗教信仰〉。2.由於香港道風山「基督教中國宗教研究社」所出版的《景風》雜誌，混淆了佛教和基督教的觀點，所以我撰寫了一篇〈論佛教與基督教的同異〉。3.跟著又發表了一篇〈再論佛教與基督教的同異〉。

我對於胡適思想的宗教觀，曾經說了這樣的幾句話：「從本質上說，胡適本人是反宗教也無宗教的，更是一位無神和神滅論者，他雖不是一位自然科學家，但他相信人除物質而外，並不再有所謂靈魂這樣東西，所以他要攻擊靈魂存在的觀念說：『宗教家往往說靈魂不滅……這種說法，幾千年來，不但受了無數愚夫愚婦的迷信，居然受了許多學者的信仰。』他又說：『東方人見人富貴，說他是「前世修的」，自己貧，也說是「前世不曾修」，說是「命該如此」……最大多數人的最大幸福，不是袖手念佛號可以得來的，是必須奮鬥力爭的。』」

我對胡適的宗教觀，反覆論證，說明佛教不是他所看到和想到的那樣。我說：「根據佛理，我們可以承認胡適所謂歷史的不朽和社會的不朽，但又能夠更進一層肯定了個人獨立價值（善惡行為的業積）的不朽，這才是一大獨立和一大自由。可見佛法沒有違背胡適，只是佛法超出了胡適的觀念……佛教本來就是一種智慧的宗教，也是人文化的宗教……尤其是原始佛教，人之學佛，首先要做好一個堂堂正正的人……。」

至於基督教的香港道風山，是從南京的景風山撤退而改名的，是屬於基督教信義會的一個支派。他們曾經派牧師到佛教的叢林，如鎮江的金山、揚州的天寧，掛單、學禪、參禪、打坐，就像一個虔誠的佛教居士，然後把他從寺院所學、所聽、所見，而創設了他們的新團體，用基督教的觀念與信仰來解釋佛教，再用佛教寺院的生活規制和方式，來做基督教的靈修和祈禱。不知道他們的根本目的何在，不過確從佛教的僧團，吸收了大批的青年和尚，然後把他們訓練成為基督教的牧師。因此引起我產生了佛教前途的危機感。我的看法是，基督教徒盡可以傳教，為什麼要把和尚變成牧師，基督徒盡可以宣傳他們的聖子、聖靈、聖父三位一體觀，為什麼一定要把佛教的真如、佛性、法性，解釋成為就是基督教的上帝、道、靈？我們可以容受基督教的存在，所以佛教徒常常以友善的態度，承認耶穌也是菩薩的化現，用他們的方式來度化需要他度化的人。可是，我們沒有必要說：基督教就是佛教，有了基督教便不用佛教。我們可以承認基督教存在的事實，但卻不能忍受佛教即將滅亡的事實。所以起而執筆，挺而論戰。但是掀起這場宗教戰爭的人不是我。

二、我寫基督教

我在臺灣南部的山中，總以為可以與世無爭，好好把自己活埋幾年的，所以，除了佛教的三藏教典及現代人的佛學著作之外，不看一般社會的報紙雜誌，沒有收音機，當然更不會有電視機，而當時的山中也沒有電話，甚至沒有電燈，真可謂過著遺世獨立、世外桃源的日子。

可是，好景不常，竟然有人好心地把天主教的《恆毅》雜誌帶到我的山中。其中有一篇文章討論佛教。同時又有人，把曾經在日本佛教大學函授部畢業的某牧師，所寫的幾本關於佛教的論著，以及輔仁大學的教授某神父所寫的幾本駁斥佛教的著作給我，那些既然是出於牧師和神父的手筆，當然對於佛教不會有正確的認識和公平的介紹。事實上，他們的目的和存心相當明顯，是引經據典地來以子之矛攻子之盾，針對著佛教的信徒，攻破信仰的城防。而當時佛教界能夠寫出那樣水準的文章，讀過那樣多經論的人，也真不多，所以他們看我還能夠寫幾篇文章，不僅佛教徒們希望我反駁，就是牧師和神父，也公然地在他們的雜誌上叫陣說：「佛教徒們也寫寫吧！是誰呢？」他們摩拳擦掌地向佛教界找出應戰的對手。

那個階段的煮雲法師，在臺南公園做過幾場基督教與佛教比較的公開演講之後，集成了一本小書出版。可惜，接著他患上了高血壓和糖尿病，常常頭痛失眠，再也不能應戰了。

另一位長老印順法師，本是基督徒出身，經過學佛三十年之後，竟然有基督徒到他的道場向他挑戰，向他傳教。結果，他寫了兩篇長文章：1.〈上帝愛世人〉，2.〈上帝愛世人的再討論〉。又因為杜而未神父把佛教的信仰套入月神信仰的一類，又引起他寫了一篇〈東方淨土發微〉的長文章。

我在山中，本不希望多事，可是，基督徒竟來公然挑戰，我為了澄清他們的觀點，和說明佛教本身對於基督教的看法，也疏導一般的有識之士，能夠正視宗教的問題。我當然不希望也學著基督徒們入主出奴的心態來攻擊基督教，正如孔子所說：「己所不欲，勿施於人。」但我希望用客觀的資料來做公平的介紹。因此，就在一九六四、六五和六六年之間，陸續地寫成了一本書，分別交給幾家佛教的雜誌《海潮音》、《覺世》、《香港佛教》刊出。到一九六七年，交給佛教文化服務處出版，書名是《基督教之研究》。我在這本書的〈自序〉中，說明了寫作該書的動機、態度和目的：

「由於基督徒的攻佛破佛，叫陣挑戰，才使我對基督教發生了研究的興趣，結果，使我寫成了本書。所以，本書的功臣，應該是攻擊佛教的基督徒。我為寫作本書，特別精讀了五十多種有關的中西著作。我的態度，是以西方學者的見解介紹西方人信仰的宗教，是用基督教正統的素材說明基督教內容的真貌；同時也對佛教與基督教之間的若干重要問題，做了客觀和理性的疏導。我不想宣傳基督教，也無意攻擊基督教，只是平心靜氣地加以分析研究，用歷史的角度，考察基督教。」

這一本書，在一九八七年被臺北的久大文化出版社，編列為該社「終極關懷系列」的第七本書。在它的封面上，用小字刊出我在書中所說的話：

「西方人心目中的上帝，有如一副涼床，平掛在兩棵大樹蔭下；一頭是哲學之樹，另一頭是科學之幹。

上帝聯繫在哲學與科學之間，祂不是哲學也不是科學，卻是含哲學與科學的精髓；芸芸眾生躺在祂的懷中，即得到心靈的慰藉。像這樣的上帝觀，多數的東方人尚未懂得，自然也不易了解。」

因此，久大的主編，又在該書的封底，給我加了幾行畫龍點睛式的短評：

「基督教走出巴勒斯坦之後，千年來已建構出一座牢不可破的上帝之城；基督教的信仰天地，壁壘森嚴。聖嚴法師面對基督徒攻佛、破佛的挑戰，以理智的筆觸，解開不同宗教觀點的糾結，為寬容的宗教觀鋪路。」

當我這一本書出版之後，有兩個極端的反應：1.佛教界感覺到鬆了一口氣，畢竟我們還有人懂得基督教，而不再害怕基督徒走進寺院送《聖經》發傳單了。有一位法師就把我的這本書的第四章〈基督教的偉大在那裡？〉抽印成為小冊子，贈送各寺院，專門為了等待基督徒來寺院傳教的時候，以此回贈。2.神父和牧師從此鳴金收兵，而卻引起了其他的基督徒把我視為眼中的釘、心中的刺。有的拿著我的書逐段地批駁，不是要我回答，而是要我熟讀，認為我根本沒有懂得《聖經》，也沒得到靈糧，所以當面要我好好向上帝懺悔。有的基督徒改在一般的報章雜誌，利用投稿的方式，挾嘲帶罵地批評佛教。

三年前，有一位基督教長老會的教友，來皈依了三寶，見面就說他讀過我的那本書《基督教之研究》。我問他：「就是因此而改變信仰嗎？」他說：「不是，如果是基督徒看了那本書，只有反感而不會佩服。要知道，基督教的本質是重視於信者得救，有關於思想的、理論的，對他們沒有作用，如果他們不加以反省，不會改變信仰。」因此，我也告訴他：「我能了解。我那本書的對象，與其說是寫給基督徒看，毋寧說是為了佛教徒以及那些還沒有宗教信仰的人士而寫的。」

三、宗教比較

宗教，自有人類文明以來，就有宗教的需要和宗教的活動以及宗教的事實，它是人類最終的歸宿處，也是最早的原動力。因此，漸漸地，由各信各的保護神，而發展成為宇宙只有一個神的宗教。可見，唯一神的信仰，是從各信各的多神信仰會合的，因此，唯一神，不一定就是獨一無二，祂應該是無數神格的總稱，不是否定了無數的神格，而由一神來獨斷宇宙的真理。

由於多神信仰的多元化，所以顯得繁雜而迷信，又由於一神信仰的獨斷、排他及征服性，使得宗教與宗教之間，互不相容，這都不是宗教的正面價值所在。可悲的是，自有人類歷史以來，人與人之間，不僅為了物質生活的條件而爭，也為精神生活的信仰而戰。每一個宗教所信的神明，都告訴他們的信徒，真神和善神只有一個，就是他們自己所信仰的。此外，不論信仰什麼神靈，無一不是邪教和魔鬼。因此，也把自己所信宗教以外的任何宗教的信徒視為魔鬼的肢體、魔鬼的化身、魔鬼的代名詞。這都是因為肯定自己所信的，而否定了他人所信的。只想知道自己所信所行是什麼，拒絕知道其他宗教所信所行是什麼。於是，宗教信仰，原本是為人類帶來幸福，結果，由於不同的宗教之間的互相敵視，而為人類帶來災難。這樣的事實，我們在基督教的《新約》及《舊約》中看得非常明顯。新興宗教和傳統宗教，本地宗教和外地宗教，自族宗教和他族宗教之間，不斷地發生殺伐，不僅是語言的、理論的，而且是行動的，往往是屍橫遍野，血流成河。直到二十世紀末的今天，還有些宗教和政治的狂熱分子，高喊發動「聖戰」的口號。

如果不同的宗教之間，能夠互相尊重，彼此了解，減少猜疑，減少敵視，彼此觀摩，彼此學習，取長補短，世界的人類，才會真正地從宗教的信仰得到和平與幸福。佛教徒，一向就有這樣寬大的心量。在釋迦牟尼佛的時代，常教誡弟子，要恭敬供養佛教的比丘、比丘尼，也要供養印度原有宗教以及新興宗教的沙門、婆羅門。在思想、觀念和作法上彼此雖有出入，要讓弟子們知道所謂內外之分，那是為了保護佛弟子的信心，不在於攻擊其他的宗教。就是對於從其他宗教改信了佛教的人，佛陀也告示他們，照常要對以前所信的宗教師們，供給生活的所需。供僧是美德，供養所有一切宗教修道的人，也是善行。

佛教到了中國，一直都受到儒、道二流的學者們所攻擊排斥。但是，做為一個佛教徒，卻能容忍儒與道，甚至唱出三教同源之說。在佛教方面，採取援儒入佛、援道入佛。到了宋、明時代，儒家也就援佛入儒，佛教並沒有要否定儒及道二派，而是把它們解釋為能跟佛教相通的人文基礎。這就是佛教先接收了中國的文化，然後被中國的文化所接受，形成了中國文化儒、道、佛三大主流之一。

我就基於這些認識，除了研究基督教，而寫基督教之外，也著手搜集世界有關各種宗教的資料，並且主張各宗教的信從者，都應該有比較宗教學的常識。我也希望能夠編寫一部這樣通識性的概論書，提供大家參考。到了一九六六年的秋天，我的書還沒有著手編寫，高雄壽山佛學院的院長星雲法師，已經為我在他們的佛學院，開了這門比較宗教學的課。

就這樣，我根據當時能夠蒐集到的中、日文以及由外文翻譯成中文有關宗教的書籍和著作，邊教邊寫，在半年之中完成了一本書，命名為《比較宗教學》，然後於一九六八年交給臺北的臺灣中華書局出版，有二十萬言。那一本書，分成十章：1.原始宗教，2.未開化民族的宗教，3.古代民族的宗教，4.印度的宗教，5.中國的宗教，6.少數人的宗教，7.猶太教，8.基督教，9.伊斯蘭教，10.佛教。我自己並不滿意。

我對它不滿意的原因有二：1.我沒有做太多的比較研究，只有做了一些歷史關係、背景關係，及其源流的探索和展現的說明。2.我懂的外文太少，也可以說根本沒有辦法運用到更多外文的資料。到當時為止，不知道世界上是不是另有人已經寫過更好的比較宗教學的書，也不知道除了本書所說的，還有多少宗教被我遺漏了。在那以後，常常希望再寫一本，可是，轉眼間已經是二十四年了，還沒有時間再碰這個問題。遺憾的是，到今天為止，在國內的市面上還沒有發現一本比它更好的宗教學入門書。因為我的事情太多，而且逐年衰老，再寫一本的可能性，相信已經沒有了。

四、世界佛教通史

我在前面已經說過，注意戒律的人，自然而然會注意歷史。研究戒律，事實上不能離開歷史。戒律的本身，是關係僧團的活動，僧團活動的延續，就是佛教的歷史。如果先從佛教的歷史入手，也很容易去注意戒律，因為佛教的歷史是由各個時代的傑出的僧侶所留下的事蹟。凡是持律謹嚴或者制度井然、管理得當，便會培育出優秀的僧才，也能夠獲得十方的敬仰，而向他們團聚，隨他們修學。因此，重視史學的高僧，會對戒律也能夠兼顧。

我本人，不算是律師，也不是史學家。只是，在發現近代佛教衰微的原因之後，就想溫故知新，希望從歷史的軌跡，得到啟發，如何來開創明日佛教的前途。同時，我也發現，佛教發源於印度，經過二千五百多年的流布，源遠流長，而且流派縱橫。好像是源頭的活水，挾著沿途的泥沙，向各處奔流，經過黃土高原變成黃河，經過黑土變成黑水，經過白土，就變成白水。哪一些才是源頭的本來面目？哪一些算是由各地區、各時代附加的異執？今天，我們已經看到佛教有南傳、北傳之分。北傳的又有漢傳、藏傳之別，漢傳的又有中國、日本、韓國、越南等的各化一方，中國又有十宗、八宗之說，僅僅中國的禪宗，又有五家七宗的門風，這真是千頭萬緒。到了今天，必須要有一個世界性的共同觀念，得有共同運作的現代佛教出現。否則的話，南、北傳的相互頡頏，漢、藏佛教彼此對峙。從日本佛教看中國，中國的佛教已經僵化；由中國佛教看日本，說他們已經俗化。不僅不能夠將佛法發揚光大，而且互相將彼此的努力抵消，殊為可惜。因此，我發願要寫一本世界佛教通史，編寫一部一百萬字上下的《世界佛教通史》，分成上、中、下三冊，計畫之中，上冊包括印度、西藏、日本部分，中冊包括東南亞各國及歐美部分，下冊包括西域、中國、韓國部分。希望以教團流傳史為經、教派思想史為緯，讓讀者們看了這部通史，能夠脈絡分明，一目瞭然。在什麼時候發生了新的事物、新的思想，又在什麼時代對佛教的根本精神，做了反顧之後再發展。我們就可以掌握到佛教的源流，在多變的情況下，還有不變的基本原則，那應該是各宗、各派、各時代、各地區所共同遵守的軌範。否則就不成其為佛教，而應該叫作「外道」。

類似的世界佛教通史，不僅中國沒有人寫過，就是現代世界各國包括日本在內，也沒有人寫過。雖然到了一九六〇年到一九七〇年代，日本的立正佼成出版社，發行了一套共二十冊的《亞細亞佛教史》，其中只有印度、中國和日本，欠缺西藏、韓國及歐美。因此我從一九六六年起，著手編寫印度佛教史，接著西藏佛教史、日本佛教史、韓國佛教史、越南佛教史。可惜到了一九六九年春，負笈東瀛，去日本開始了留學僧的生涯，另一個必須要荷槍實彈、短兵相接的戰場，等待著我。我必須擺下所有原來的計畫，全力以赴地完成我碩士及博士的必須課程，以及必交的論文。

當時，我還計畫讀完最高學位之後，繼續再寫世界佛教通史。所以，在一九六九年八月，我把這一部書的上冊部分的原稿，交給臺北的臺灣中華書局出版，就是命名為《世界佛教通史》上集。直到現在還有很多人問我中集和下集在哪裡？是不是也像胡適之一樣，他的《中國哲學史》寫了上冊之後就沒有了下文？我一想到這件事，總會感到耳熱臉紅，真是能說不能行。實在說，不是我不想寫，而是因緣逼我停了筆。好在，我已完成了將近四十萬言，而且也翻譯了一本日本學者野上俊靜等五人合撰的《中國佛教史概說》，於一九七一年交給臺北的商務印書館出版，進入了王雲五先生主編的「人人文庫」特二〇九號，總算聊勝於無。對於我自己，對於讀者，還是提供了不少的方便。特別是我的《世界佛教通史》上集，已被目前中國大陸各佛學院做為教科書用。我真但願有朝一日，能夠靜下心來了我未滿的心願！

留學生涯

一、趕上了留學風潮

在我少年時代，沒有想到留學的問題，因為凡是到日本留過學的僧人，很少對中國的佛教有所貢獻，最多翻譯幾本書，要比起當時沒有留過學而在國內非常受人崇拜的大德高僧如虛雲、弘一、印光、太虛，所謂中國近代佛教四大師來，留學似乎沒有太多的用處。因此，到了臺灣，第二度出家之後，還沒有想到要留學日本，雖然有幾位跟我年齡相若、志氣相似的青年僧，去了日本，也有人鼓勵我這樣做。當時的我，固然沒有經費的後援，也沒有這樣的願望，所以寧可入山而沒有放洋。

我做為一個佛教的僧侶，能夠有一條出國的路可走，應該感謝天主教的于斌樞機主教。他是國民大會的主席，也是輔仁大學的校長，更是羅馬天主教南京區的樞機，後來又陞為紅衣主教。所以，他對中國國民政府是有很高的發言權的，真所謂一言九鼎。因為，他們神學院的學生，沒有隸屬於教育部的管轄，可是需要出國進修，因此，向內政部進言，完成了宗教人員出國進修辦法的合法性。當他們一批一批地出國，消息在報紙上披露之後，我們佛教界也就跟進，向政府要求宗教地位平等、權利平等，而被陸續地批准了好幾位僧俗青年去了日本。於一九七五年，當我學成之後，以出席海外學人國建會的機會回國之時，在會場中遇到于樞機，還當面向他道謝。我說，托他的福，我也去日本留了學，完成了學位。也許他並沒有想到，我為什麼要向他道謝。當時他爭取那樣的立法的時候，是否也考慮到佛教徒出國，我不清楚。而我們佛教青年僧侶因此而得福，那是事實。從這個立場，我也常常贊成，我們佛教徒包括僧侶，需要參加政治，進入各級政府的議會，才能夠為我們佛教本身爭取利益，為整個的社會提供智慧。

當我入山幾年之後，斷斷續續有一位日本京都佛教大學出身的楊白衣居士，從臺北牯嶺街的舊書攤蒐集了一批一批日文的佛教舊書，送到我山間的「關房」。所謂「關房」，是我自己在一個小小的環境中封閉起來，與外界相通的，只留一個僅僅供人送飯及日用品的小窗洞。我在山間住了六年的時間，前後一共關了兩次。那段期間，我也從日文的文法書開始，以自修的方式讀通了日文。我才能夠應用日文資料，寫出了幾本書。對我來講，當時覺得就這個樣，既然已經能夠看懂日文，運用日文著作，那就不必要去日本了。

後來，由於基督教的刊物指名挑戰，以及公開的叫陣，說當時的佛教界，中國的佛教徒，已經沒有一個懂得梵文，而那是佛教的原典語文，如是僅懂中文而不懂梵文，無異是隔靴抓癢，只能夠猜測而不能夠真正地了解佛法。不像天主教的神父或教士們，拉丁語的《聖經》原文，是必修的課程，而且是每天都在讀誦。我經過這樣的一種刺激，雖然年紀已經快要四十歲，還是打著勇氣說：「捨我其誰！」同時，我的好友張曼濤先生正在日本京都留學，常常給我寫信，寫的都是長信，討論的都是宗教、哲學、佛教、佛學等的天下大事、歷史大事。信中總會勸我，不管怎樣，到日本看看，呼吸一下那邊的新鮮空氣也是好的。而且我的剃度師東初老人，也贊成我出國留學，乃是我所意想不到的事。尤其是，由於國內佛教教育普遍地低落，僧眾不受一般人的重視，由於沒有高等教育的學位，甚至也被禁止進入各大學去向學佛青年說法。為了提高佛教的學術地位以及僧人的素質，以備開創佛教教育的新局面，我就毅然決然地發願去留學日本。事實上，在山中讀了許多日文的佛教著作之後，發現日本在佛教教育設施及學術研究方面，確實已有了輝煌的成就，儼然已執世界佛教動脈的牛耳。

就這樣，我於一九六八年二月，走出關房，離開高雄美濃的山區，到了臺北，暫住於當時的首刹「善導寺」，以一年的時間，做日本語文的聽和寫的準備。同時，也在那個時段，為該寺主持佛教文化講座，每一個星期日，我擔任講經論，偶爾也做專題演講。經論之中比較受人歡迎的是《大乘起信論》及《八識規矩頌》，專題演講之中，整理成稿的有〈中國佛教藝術的價值〉，以及〈觀世音菩薩之事蹟〉兩篇稿子。我們的講座，所請的講師都是一時之選，例如錢穆、高明、吳延環、梁寒操、南懷瑾等名家。

在那段時日之中，我出版了《比較宗教學》，也到各地去演講，其中包括基督教長老會設於陽明山的神學院，我已不再用犀利的眼光、尖銳的詞鋒，來針對基督教發言。對中國佛教系統的著作，則多花了一點時間，有關於《楞嚴經》、《圓覺經》、《金剛經》、《大乘起信論》的註疏和禪宗的語錄，下了一些工夫。

二、初到東京

當時，因為從臺灣出去的留日佛教青年之中，還沒有一個學成回國的。所以我的師父經過考慮之後，反對我出國；原來答應支持我出國留學經費的一位南洋華僑佛教徒也變了卦；而當時的善導寺，沒有支援我的義務。我在一九六九年三月十四日，離開臺北飛往東京之時，除了一張機票之外，真是阮囊羞澀，幾乎是在國內佛教界的一片反對聲浪中，踏上了留學異國的征程。有人準備看我笑話，有人為我擔心，可是，我並沒有「荊軻刺秦王」行前那樣的悲愴，沒有想到我是「壯士一去兮不復返」。我只是想到，如果中國的佛教應該衰微，而我自己本身沒有福報，去了之後，得不到援助，隨時可以準備回國，再去住山也是不錯。

初到東京，向位於品川區的立正大學佛教學部辦好入學的手續，便開始上課。進入課堂，發現我的年齡最老，同班的日本同學，都是二十多歲，而我已經三十九歲。當我想到，唐朝的義淨三藏赴印度留學的時候，也是三十九歲，總算還有一點安慰。經過兩個月我都聽不太懂，那些教授都是那麼地親切和藹，日本的同學也很友善，有的能夠把筆記借給我抄，有的每次上課之後，把他們的筆記複印一份送我。同時經朋友的介紹，我有了三位補習日文的老師，而且都是免費。其中一位最值得懷念的是立正大學專教中國語文文法的牛場真玄先生。他已七十來歲，所以退休在家，對於中國的佛教，常常想到要如何地反哺。因為，他知道日本受到佛教文化的恩澤極深，而日本佛教的源頭是來自中國，日本佛教的大批漢文原典，也都是從中國請回。而在二次世界大戰期間，日本竟然淩虐中華民族，侵略中國的版圖，所以他對中國的僧人，是抱著感恩和慚愧的心情，來照顧我們。每次去他府上補習，通常會招待我們茶點，乃至於中餐和晚餐。

在我留學期間，還發生了另一個感人的故事，也是出於牛場先生的一手促成。那就是在一九七三年，他把印順法師的《中國禪宗史》譯成日文，送到立正大學，代為申請論文的博士學位，雖然跑腿的事，都是由我代勞，而接洽的事由他負責，他跟印順法師並不認識，只是為了感謝中國，所以自動發心，就在那年促成了中國第一位博士比丘的誕生。對於印順法師雖然不算什麼，但對於佛教在國內和國際的地位而言，關係的確重大。對於我的感受也很重要，所以我為此事，也特別寫了一篇文章——〈劃時代的博士比丘〉寄給國內發表。

我的日文程度，經過半年之後，就能勉強聽懂，能做筆記，也能夠在課堂上輪流擔任講讀演習。到了第一年的下半年，我就盡量地把該讀的學分，修完四分之三。到第二年的上學期開始，我的學分只剩了四分之一，其餘的時間，可以讓我好好地專心撰寫碩士論文。

縱然我的外文程度太差，日文不好，英文不懂，第一年也選了梵文和藏文。可是，老師用日文講梵文，聽不懂日文，怎麼能聽懂梵文？經過一年，我也弄通了初級的梵文文法，並且把一本基本梵文文法的課本，邊學邊譯成中文，以備國內可以拿來做為教學之用。可惜，寄到臺灣的一家佛教雜誌連載了幾期之後，由於主編人員的更動，加上梵文校對的麻煩，終止了刊載。再三追尋，那本原稿已不知去向了。而我自己的梵文程度還是很差，日文的寫作能力也是很低。因此，我的指導教授，華嚴學的專家坂本幸男教授給我建議，中國人，年紀又大了，而且開始得晚了，要專攻印度佛教，不是不可能，但是花的時間可能要多些，最好還是選出中國佛教的題材來寫。

三、碩士論文

坂本先生正好為我們講解中國天台宗的初祖慧思禪師的名著《大乘止觀法門》。他在講解之時，常常遇到「攔路的虎」，那些疑難，用日本人的解釋法當然可以，因為我是中國人，所以常問我講的對不對？或者乾脆問我應該怎麼講。在中國，有關這部書的註解，當時我所知道的有三種：那就是1.宋代了然法師的《大乘止觀法門宗圓記》，2.明末蕅益大師的《大乘止觀釋要》，3.近代諦閑大師的《大乘止觀述記》。而我自己正好手頭就有一冊《大乘止觀述記》的印本，他問，我就答，雖然不是我自己的看法，他還覺得滿意。我請教他碩士論文的論題，他沒有意見。我問，如果就以「大乘止觀法門之研究」為題，可好？他說：「好！」就這樣，我在半年之間，那是一九七一年的上半年，除了熟讀《大乘止觀法門》的原文、原著和它的有關註解之外，常常去東京都內佛教關係的大學，如東大、東洋、大正、駒澤、立正諸校的圖書館，查閱、抄錄、影印相關的資料。我曾為了找尋明治時代，以及二次世界大戰之前的日本舊雜誌，兩度去東京郊外的成田山圖書館。說實在話，日本學者研究《大乘止觀法門》的人太少，縱然有也只是幾個短篇的論文。不過當我著手撰寫之後，還是有不少的材料可讓我差遣使用。我的碩士論文，一共分成三章：1.《大乘止觀法門》的組織及其內容，2.《大乘止觀法門》的真偽及其作者，3.《大乘止觀法門》的基本思想。

《大乘止觀法門》這本書，在中國一向沒有懷疑，它就是南嶽慧思禪師的著作，可是到了十二世紀、十三世紀之間，日本天台學者證真，就對這本書舉出了許多理由，說它不像是出於慧思禪師的作品。後來也有好多人討論過這個問題，還是以證真的觀點最具代表性。而在中國，從來沒有人提出類似的懷疑，我也不敢苟同證真的看法，並且提出反證。

我寫這篇論文，最大的收穫倒不是證明《大乘止觀法門》是慧思禪師所作，而是學會了找資料、用資料、分別資料、取捨資料，然後寫成絲絲入扣的論文。同時，我在第三章中，研究分析了《大乘止觀法門》的思想基礎和根源，讓我比較深入地接觸到了跟該書最有關係的六種經論：1.《如來藏經》，2.《勝鬘經》，3.《入楞伽經》，4.《佛性論》，5.《攝大乘論釋》，6.《大乘起信論》。讓我對於如來藏系統的思想和唯識的思想，摸到了一些門徑。雖然，我在去日本之前，已經從太虛大師和印順法師的著作裡，知道了印度的大乘佛教有三大系統：1.中觀，2.唯識，3.如來藏。可是，沒有經過自己分析考察和著作的經驗，雖然讀過，終還是浮光掠影。

我的碩士論文寫成之時，呈給指導教授看完，只有一句話：「內容很好，可惜文字不夠日本化。」結果還是請了兩位先生來幫我做了日文的潤飾，那就是駒澤大學的佐藤達玄，另一位就是牛場真玄，最後交出之時坂本先生相當歡喜，說我在短短半年之中，能夠趕出一篇十來萬字的論文，總算很不容易。也正因為他的鼓勵，加上東初老人要我把論文抄寄一份回臺灣，交給《海潮音》雜誌發表，可能他以為我是用中文寫的。為了表示我沒有在東京睡覺，而是真正在那邊讀書，所以在第二年的下半年，便把它翻成中文，陸續地寄回臺灣。一九七一年十月全書翻成，到了一九七九年，就由東初出版社出版。

日本佛教的面面觀

一、佛教的宗教活動

我在留學日本期間，完成了碩士學位之後，由於博士課程應修的學分不多，規定是在兩年到三年之間修完，甚至於到第四年還可以繼續地補修學分，所以上課聽講的時間較少，因而致有許多留學生，一邊攻讀博士課程，另外還能以全職在校外工作，甚至有的人可以身兼數職，尤其夏季的暑假很長，不像美國有一年三個，甚至四個學期（semester），臺灣在日本的留學生，多半趁著長暑假的機會回國省親或辦些私事，或者結伴旅遊。而我自己希望省點旅費，並且多了解一些日本，除了學校的功課，我也關心日本佛教的宗教活動。

明治以後將近百年的佛教已經純然的俗化，可是他們還能夠很有制度，相當平穩地延續了下來，發展下去。日本是一個非常功利的國家，佛教在他們的環境裡還能有生存的空間，並且受到尊重，一定有它的原因。如果真像被中國佛教徒譏笑的日本佛教那樣，只有佛教的外貌，沒有修行的實質，一定不會容許存在到今天。而中國人看其他系統的佛教，總是不理想的，例如：1.把西藏的佛教叫作佛的佛教，因為到處都可以看到活佛，而且人人都可以即身成佛；2.日本是法的佛教，因為許多的學者都在研究佛法而沒有人真正的修行，不信佛也沒有僧；3.斯里蘭卡、緬甸、泰國是僧的佛教，那些南傳巴利文系統的佛教，滿街都是僧，他們不信人能成佛，信徒只知供僧而不知學法。所以都不究竟，只有中國的佛教，佛、法、僧三寶俱全。

事實上，在我看來，以上三個系統的佛教，都有相當多的人才，不僅在他們國內，都已經辦了高等的佛教教育，而且還能夠向國際派遣弘法的人才。例如日本有二十多所佛教關係所辦的大學院校，斯里蘭卡有佛教的大學，泰國也有兩座大學是由僧團所辦，西藏的拉薩三大寺本身，就是大學的規模和內容，凡是僧侶，特別是黃教，要受十二年的正規教育，所以近世國際佛教的活動，就被這三個系統的佛教徒推展開來。相形之下，中國的僧人，由於教育水準的不普及，沒有制度化，沒有國際語文的訓練，並且極少有專長及專門研究的分野，因此談修行的方法和學問的研究，都不如人家，不了解人家，反而說人家不行，真是夜郎自大、坐井觀天，自以為三寶俱足，實際上都很空虛，所以也危機四伏。

因此我到日本，不敢對他們有所批評，只希望抱著處處觀摩，事事學習，而又不亢不卑的態度，跟日本佛教的各個層面，做廣泛的接觸。希望取人之長，補己之短，不希望炫耀自己，貶低他人。所以我盡可能地利用課餘假期，訪問和參與各種性質的佛教活動。

當我的日語能力，已經可以直接跟日本人士交談之時，就發現，在他們的社會裡，只要受過中等教育程度的人，都能跟我用佛法做話題，談上個把小時而看不出他是外行。因為在他們的小學、中學的教科書裡，已經介紹了不少關於佛教的常識，同時在他們各類的新聞報紙和期刊雜誌，常常會發現載有佛教學者撰寫的文章，或者是有關於佛教活動的報導文章。不論在文學、哲學、藝術、宗教、歷史等任何一個領域，都可能涉及佛教的文化和佛教的影響。所以一般的日本人，不論他們信不信佛教，都不會像我們大多數的中國人，對於佛教是那麼樣地陌生和普遍地誤解。

我在日本參加了傳統佛教的活動，也參加了新興佛教的活動。所謂傳統的佛教，我到過曹洞宗大本山，位於福井縣的永平寺，及東京的本山，位於鶴見的總持寺，也到過鎌倉臨濟宗的圓覺寺、建長寺，以及龍澤寺派下東京市內的東照寺，在京都我也到過臨濟宗的妙心寺，並且在真言宗的高野山住過幾天，又到天台宗比叡山的延曆寺參訪，同時與曾經在延曆寺修行了十二年的籠山行的天台宗僧侶相從非常地密切。日蓮宗在今天的日本，已經算是傳統的佛教，我既然在他們所辦的立正大學就讀，我的朋友，當然也以該宗的僧侶為多。所以我為了開會和修行，它的總本山，山梨縣身延山，也去了很多次。我參觀了、參加了幾個新興教團的活動，比如創價學會，也就是日蓮正宗的富士山大石寺，在東京市內的立正佼成會，東京郊外橫濱的孝道教團，尚有國柱會、靈友會、天理教、金光教以及大元密教等，我都曾花上至少一天乃至於幾天或幾週的時間，參加他們的修行，觀察他們的活動。他們並沒有什麼祕密，對我這個從臺灣來的中國和尚非常友善，吃的、住的都是免費，同時還會給我派人，以車輛接送。當然，他們多半都希望我能接受他們，將之帶回臺灣；可是也並不那麼簡單，總得花上許多的時間去了解、學習、參與、投入才成。像我這樣走馬看花，也只能夠聽取一些他們的長處、理念，讀到一些有關於他們的歷史過程以及經營的方法。所不同的，我還是親眼見到了，身歷其境，比起僅僅看書，不太相同。

日本的傳統佛教，真是那樣子的傳統和保守。在他們寺院裡邊和山林之中，祖師留下來的規矩，雖然現在不那麼嚴格地遵守，還是沒有廢止，至少還會做個樣子。例如許多的古寺院大門口，有祖師們豎立的石碑，鐫刻著「酒肉葷腥不許入內」八個大字，雖然他們現在喝酒、吃肉，已是公開的事實，卻沒有把那石碑打掉或移走。又如，高野山的內山，原是僧眾修行的區域，不准女人進入，因此山前有一座「女人堂」，就是女性到此必須止步。目前雖然女人已經在山中生兒育女，但是「女人堂」的建築還在那兒。所以陪我去的日本朋友，跟我玩笑著說：「古代的女人不准進去，現在進去了的女人不准出來。」那雖是玩笑，他們對於古代的遺跡，不會輕易破壞廢棄，也是事實。

在禪宗專門舉辦禪期修行的道場來講，還是生活得非常地謹嚴，酒肉葷腥當然沒有，男女關係更不用說。就是有女人，也是為了去修行的人，而不是和尚的太太。那些指導修行的禪師，青年、中年的時代，當然有過家庭，進入五、六十歲時就會離開家庭，專門住於道場，還是一派遵守清淨梵行的風格。他們的修行，雖然形式重於內涵，但是，對於一般新入道的人士，形式的約束要比心法的內涵來得更重要，所以他們還是維持得非常地順暢。一個年輕的僧侶，經過兩次到四次集體修行，每次一個月到兩個月或三個月的修行之後，在他們的氣質上、觀念上、信心上和儀態上，都會讓你看來與眾不同。雖然他們還會結婚生子、飲酒吃肉，當他們主持儀式、應對信眾等的大小場合，卻能讓你看到是威儀堂堂的僧侶模樣，他們自己也習以為常。日本的佛教就是這個樣，我不能說它好，但是也不能說它不好。僧侶而兼顧世俗的在家生活當然不好，在家人經過如此的訓練陶冶之後，能夠負起宗教師的任務，卻又不能說哪裡錯了。

大致上，傳統的日本佛教，不論哪一宗哪一派，他們都很注重後繼人才的培養。若是預定被指為寺院住持繼承者的長子或那一位兒子，這一個寺院的住持，必定會把他那一位繼承的人選，好好培養，一方面送入各宗所辦大學的佛教科系，修完基本的大學學位，至少也是專科的學程，然後利用寒暑假期間，送他們到各宗本山的修行道場，給予兩次以上修行的生活教育，增長他們的信心，教導他們的威儀。在修行過程中，都非常地嚴格。譬如日蓮宗的身延山，有一種對年輕人的特別訓練，在冬天舉辦，稱為「荒行」的一種苦行，那是在零度上下的氣溫，每一清晨的拂曉時分開始，那些青年僧侶，每人提著一只水桶，打著赤膊、赤著腳、穿著短褲，到一個井邊汲了水，從頭沖下，接連十五桶到三十桶，開始的時候每個人牙齒都是格格價響，一邊沖一邊不斷地大聲呼叫：「呵！呵！」真有山鳴谷應的威勢，雖然井裡的水是帶著溫暖的，但是，出井以後到了地面很可能馬上結冰。所以，沖完井水之後，渾身上下一片通紅。很奇怪的是，沒有發紫，也沒有人感冒。這是鍛鍊他們的意志力及忘我的精神。有一次當我去的時候，他們正以這種方式在訓練年輕人，那位住持已經有六十多歲，衣服穿得很單薄，問我要不要試試，後來他看我穿了一身好厚的衣服，搖搖頭要我坐在窗口裡邊看好了。

我在日本的北陸地方，也參加了他們的冬季禪七，吃得非常簡單，早上是黃蘿蔔、稀飯，中午是白米飯、味噌湯及一碟小菜，晚上只有點心，沒有正餐。依一般的標準來說，是營養不夠的，特別是這樣寒冷的冬天，卡路里也是不夠。妙的是晚上十點睡覺，早上四點起床，室內沒有暖氣設備，室外牆腳又是人把高的積雪，好在有兩層紙壁，戶外的寒氣不會直接侵入，而墊的就是榻榻米，蓋的是一條被子，既短又窄，雖然夠厚，卻不能夠讓人仰起來睡，躺下之後就不敢動，如果怕冷，就是起來打坐。頭幾天每天想走，看看日本人都沒有要走的，我這中國和尚要走，非常丟臉，還是一天一天挨了下來，到最後習以為常，我還是很喜歡那樣子的修行方式。有一天我告訴主七的和尚說：

「這地方好冷啊！」他的回答說：「你們中國祖師不是有這樣的話嗎：『不經幾番寒徹骨，哪得梅花撲鼻香！』」我真是慚愧，中國祖師的話，而日本人則拿來用，照著去做了！不過古代中國的禪修者，每天會過這種生活，每年會過這種生活，一輩子也過這種生活。現在日本社會中的禪修者，是偶爾來客串的，這中間還是有點不同。

在中國大陸，我曾經住過的上海，從六朝時代留下的古剎靜安寺，每到農曆的四月初八，前後一共三天，舉行盛大的廟會。凡是吃的、玩的、看的、用的，除了跟殺生有關的看不到之外，可以說十色俱全，那樣的廟會，在大陸相當普遍。我在日本東京，除了看到新年的東京明治神宮及八幡神宮，也參加過好多次大型的佛教儀典，其中最熱鬧的是橫濱孝道教團於陽曆四月八日舉行的「花祭」，其實就是紀念釋迦牟尼佛的誕生，我們國內稱為「浴佛節」。他們有各式各樣的花車，表現出動態和靜態的佛教歷史故事，包括佛傳的所謂「八相成道」在內，還有一隊一隊的遊行隊伍，穿著日本各個不同朝代的服飾，都表現著是虔誠的佛教徒。而該教團從各縣市分支教會來的代表，又有少年組、青年組、壯年組、老年組，還有婦女組。遊行的活動，前後需要三個小時，把整個兩條街，從頭到尾交通管制。兩旁的街道都給站滿了人，這是看靜態的展示和動態的表演。動態的表演之中，樂隊和舞蹈，有傳統的、有現代的，最受日本人歡迎的，就是傳統式的「農家舞」。男的女的，都穿著白色的草鞋，白色的襪子，農莊的打扮，衣服色彩鮮明，頭戴繡花的斗笠，他們邊走邊舞，看起來非常曼妙，音樂也很好聽。當時，這樣的一個節目已經成了橫濱地區的名勝之一。對佛教也並不是沒有影響。凡是前往參觀的人，至少會得到一個印象，佛教的信仰，已進入普遍的民間了，而且可高可低，受到廣大日本民族的崇拜。

我也參加過新興宗教團體，例如立正佼成會的全國會員大會，場面更是偉大，它的總會設於東京杉並區，當時他們已經通過閉路電視及大銀幕，使得幾萬個人的聚會，在同一幢大型建築物裡，內外舉行。我被他們當作貴賓，特別派了一位高級的主管來接待，因為他們的會長庭野日敬的長子，是預定繼承人，也是我們立正大學的同學。讓我們參與了全部會議的程序，會後又帶我們參觀了會議室、貴賓室，以及兒童教養部、小學、中學、專科學校。他們幾乎已把他們的教會，建設成為一個獨立的王國，幸運的教徒們，可以從出生到老死，都在他們的教會裡受到照顧。他們吸收教徒和培養教徒以及關懷教徒的方法很多，其中富於凝聚力的，是一種小組討論座談會方式的「法座」。他們在各地區、各地方，就採取這樣的一種方式來商談，根據庭野日敬所教導的方法，通過文字，分發給他們，讓他們做為互相幫助的依準。他們每一個人，都要發言，或者傾吐自己的困難、自己的迷惑，或者自己沒有什麼困難，可以站起來，以客觀的或自己經驗過的所知所見，來幫助同組的其他人員。他們彼此之間有的互相認識，有的初次見面，卻能一見如故。在佛法的智慧和慈悲照顧之下，彼此幫忙，互相提攜。而像這樣的「法座」，在每一個地方、每一個區域，乃至於全國的大會都被使用。那一天我看到他們聽過會長庭野日敬簡短的開示之後，會員們就被分區分組地帶開，圍成十人一組、八人一堆的許多小組，席地而坐，熱烈地討論。因為，在他們每一組之中，都有比較資深的會員，能夠根據他自己的心得和所知道的立正佼成會所頒布的資料課本，就能夠解答所有新學者的問題。上邊還有比較高級的成員，來協助會長。這樣一來，真正需要會長親自解答的問題，根本可以說少之又少了，而又能夠使得與會的大眾感到非常地充實，甚至是帶著法喜，滿載而歸。

我也參加了幾次日本佛教度亡法會，他們稱為「法要」。觀念跟中國的類似，也相信誦經能超度亡靈，使他們能夠早日成佛。往往讀的都是大本的經典，例如《法華經》、《華嚴經》，奇妙的是，他們只讀其中的一品或一卷，就算是全部。不過整部的經典也在經案上，讀完一卷之後，就把其他未讀的部分，像拉手風琴那樣，把摺疊形的經典，一冊一冊地開合式地拉一下，便算是讀完了。如果這在中國，一定會被依卷計酬而出錢請僧尼誦經的齋主們怨罵：「那真是叫作騙鬼！」但在日本早已習以為常。

因為日本的佛教是從中國流傳過去的。最初我還以為他們佛寺所用的經懺也跟我們中國相同，結果發現頗有不同，他們沒有梁皇懺、水懺、大悲懺、彌陀懺，乃至於焰口，更不曾見到。因為這些東西，都是在宋以後才在中國漸漸形成，焰口的成立，更晚在明末。日本的佛教是吸收中國隋、唐以及宋朝的模式，所以他們沒有這些東西。比如說，每年七月，他們也有盂蘭盆法會的「施餓鬼法要」。可是在日本就是念《法華經》、《金剛經》或者是從印度翻譯的淨土經典，乃至於他們祖師所編的課本。這就使得我發現，今天的中國佛教，不是日本人所學習的中國佛教。日本人傳回去的中國佛教，已經不是我們現代人所以為的中國佛教，中國人常常說日本人數典忘祖，把我們中國人忘掉了，而用他們自己的東西，發展他們自己的佛教，其實那是正常的現象，因為連我們現在的中國人，也早已忘掉了隋、唐時代或唐、宋時代中國佛教的面貌。

二、不務正業的寫作目的

我在日本留學，隨時都有斷炊之憂及輟學之慮，因為沒有固定的資助者，以致於在頭兩年之中，我也常去為華僑誦經，給華僑說法。所得雖然有限，終是不無小補，也比脫下僧裝去餐館打工好些。偶爾有東南亞的華僑佛教徒到日本訪問，我也賺取一點導遊費。雖然他們很客氣，把我當法師供養，可是我做了他們的導遊也是事實。因為我隨時都可能受經濟問題的困擾，被迫終止留學生涯，故對於日本佛教各方面的現狀，希望趕快學習，趕快吸收，而且也趕快向國內報導。在我的想法，讓國內多了解一些日本的佛教，也等於是對國內的佛教多一分幫助。臺灣，當時還是個未開發的環境，而日本已經進入世界的經濟大國、文化大國。古代的中國高僧，到西天印度取經，是為了成長、成熟中國佛教的文化。我到日本取不到新的經典回來，至少也希望取得一些新的經驗回國，來促成國內佛教文化的新成長。

就是基於這樣的理念和存心，到了日本之後，還沒有完全聽懂日本話，就已經寫下關於日本的見聞，寄回臺灣，在佛教的雜誌發表。法顯西遊留下的名著是《佛國記》，玄奘西遊留下了《大唐西域記》，義淨三藏留學西域而由海上寄回來了一部《南海寄歸內法傳》。以往留學日本的僧俗人士不少，而介紹現代日本的不多，所以，到過日本的人，同情日本，沒有到過日本的人，誤解日本。留學回來之後，因為同情日本而遭國內人士罵為「亡國奴」、「媚日」、「漢奸」，這實在是由於彼此的隔閡而產生的對立。

於是，我一到日本，就把所見所聞，以比較客觀的態度，寫下他們可取的地方，向國內報導。我不是要宣傳日本，而是希望能向日本學到一點什麼，所謂「他山之石，可以攻錯」。就這樣，我在留學期間，除了非常認真地修完學校的功課，很認真地寫完我應寫的學位論文之外，也曾盡量抽出時間，蒐集資料，向國內寫報導文章。有一段時間，正是我撰寫論文非常吃緊和重要的階段，還是樂於不務正業，寫下了跟論文無關的文章。六年之後，當我離開東京之時，從國內佛教的各雜誌上蒐集一下，發現竟有三十數萬言。後來於一九七九年集成一本書，在國內出版，名為《從東洋到西洋》。

那一本書一共分為五個部分，收有三十三篇文章。其中二十六篇是在日本寫成，包括留學見聞、日本佛教評介、佛教史、敬悼師長、教理及其他等。在「見聞」之中，包括我的生活、觀感，和在我周邊發生的事，以及在我留學時代的日本所發生的事。對於日本佛教的「評介」，實際上是把我所見的日本佛教，做報導和說明，例如學術化的佛教、在家的佛教、歷史方向的佛教、日本的國際佛教、寺院的佛教、大學的佛教，以及新興宗教的佛教。所謂「佛教史」，實際是圍繞著印順法師的《中國禪宗史》，在日本佛教學術界所掀起的漣漪，寫了三篇文章，首先我寫了一篇譯成日文的書評，在《中外日報》連載了三次；又寫了一篇關於印順法師獲得大正大學文學博士的過程和我的感想，發表在臺灣的《菩提樹》雜誌；另外一篇是為了參加一九七六年第一屆的國際佛教歷史會議，寫了一篇近代中國佛教史上的四位思想家：我選了明末的蕅益，近代的太虛、歐陽竟無和印順，其目的依舊是為了介紹印順法師給世界的佛教學術界知道，我們中國現在也有這樣的一位思想家。雖然發表的時間是在我到了美國的第二年，可是這個思想的醞釀和構成，是我在日本的時代。另外，我在修學博士課程的階段，突然遇到我的指導教授坂本幸男的過世，使我非常的悲痛，所以寫了一篇紀念他的長文。另外，我在攻讀博士課程期間，為了香港《內明》雜誌的索稿，也把我的一篇讀書報告〈天臺思想的一念三千〉，譯成中文發表。在那一篇文字的前言中，我也做了這樣子的聲明，可以看出當時我的所思和所寫的心態：「本文是我於去（一九七一）年讀博士課程第一年中的一篇日文的研究報告，在此之前，我也不是研究天台的專家，故就本文的內容而言，學術思想史的整理介紹，多係依據近代日本佛教學者們的已有成果，唯其對於中國的佛教界而說，尚是新鮮的東西，所以把它譯成中文。提供並就正於《內明》雜誌的編者和讀者。」

因為當時的七〇年代，中國佛教界能夠寫文章著書立說的人，大概都還是走著傳統的老路，例如引經據典之時，只會告訴你某某經說，某某論云，既不標明卷數，更不會說明頁數的出處，假如引用現代人的看法，也只會講某某人曾說什麼什麼，有少數人會告訴你是哪一本書，但是也不會說明是哪一頁，而且也懶得使用引號，要讓讀者自己去認出哪一部分是他引用人家的話，哪一部分是這位作者自己的意見。這是因為他們已經讀慣了古典的著作，都是這個樣的。就拿現代中國最傑出的思想家印順法師來說，也不例外，直到接受了以現代方式治學的意見之後，他才完成了《中國禪宗史》，那已是七〇年代的事，從這以後，印老的著作，都已經具備了現在國際學術界治學的通用形式及表現方法。

三、日本佛教的學術會議

當我決定了留學日本的考慮之後，正在日本留學中的朋友，以及已從留學歸來的朋友，都很熱心地提供了我不少的建議。在京都方面的人說，如果想了解日本文化的純樸踏實，最好是到京都，那兒可以讓你溫習到中國唐、宋時代的古風，一位成名的學者，在一生之中，只攻一門，他就成為這一個範圍之內的最高權威學者；而且有父子相傳、師徒相承的習慣，如在京都能跟上一位大師級的學者，只要你肯努力，那位學者也會提拔你，你會成為他的衣鉢傳人；所以京都學派的門風，非常謹嚴。另外在東京方面的朋友，則強調近代日本文化的重心，不在京都，而在東京。東京不僅是日本文化的中心，也是今天世界文化幾個重要的集散中心之一；唯有到了東京，才能夠感受到日本佛教學術文化的脈動，也能夠呼吸到世界佛教的學術研究環境的空氣，許多世界級和全國性的學術會議，多半都是選在東京召開。縱然自己沒有著作，能夠參加這些會議，聽聽看看，也會使你感染到一身學問的氣息。

結果，我是到了東京，不過不是因為我聽了他們任何一個人的建議，乃是由於京都那方面，沒人替我擔保，有居留權的華僑我不認識，沒有居留權的留學生不夠資格，張曼濤曾為我向他的大谷大學的一位指導教授探路，並且把我已經出版的幾本書送了他一套，那位教授非常客氣，就是沒有下文。可是剛從日本東京立正大學學成回國的慧嶽法師，卻一口答應替我辦成。同時，另有一位吳老擇先生，正巧度假回來，就拜託他替我去奔走，拿著慧嶽法師的介紹信以及我個人的資料，找到了慧嶽法師的指導教授坂本幸男博士。真的非常簡單，很快就辦好而收到了從東京寄來的入學許可書。可見我到東京不是我自己的選擇，而是因緣促成。

在日本佛教學術界，競爭相當激烈，派系也很明顯，如果沒有真才實學，無法在學術界和教育界容身。因此，打從進入他們所謂的大學院修士課程，也就是我們所稱的研究所碩士班開始，如果希望將來在他們的學術教育界擁有一席之地，必須努力以赴。不僅是要分擔行政的工作，更需要好好讀書，爭取發表論文的機會。如果能寫，不愁沒有發表的地方，如果寫不好，那就不要想有發表的機會。日本佛教學術界有許多大大小小的學術會議。有的是屬於學校自己的，有的是日本全國佛教的。例如立正大學本身佛教學部和日蓮宗的宗派學部，各有一個會議，都有一個學報。總名稱叫作《大崎學報》，因為立正大學是在東京品川區的大崎車站附近。我是他們的當然會員，所以也發表過幾篇文章。全國性的有「日本佛教學會」，單項目性的有「西藏學會」、「東京宗教學會」，又稱為「道教學會」，我都是他們的會員，最大且人數最多，包括範圍最廣的叫「日本印度學佛教學會」，如果常常參與各種各樣的學術會議，你就能在會場中常常遇到那些大師級的學者，以及後起的新秀學者。如果你常常發表論文，而且言之有物，會後能夠刊出於他們的學報《印度學佛教學研究》，你也會被他們肯定成為他們所熟悉的學者之一。如果一個學者默默地完成了一部博士論文，在學術界卻從來沒有聽過他的名字，這就是名不見經傳，論文寫得再好，通過的可能性也不大。我在日本六年多，從小型的會議到幾百個人出席的大會，參加了不下二十場，目的就是想聽聽人家的，也給人家看看，讓人知道我的存在。去聽聽人家的高見，不發表論文也沒有關係，發表論文而不被選中刊出也不丟臉，只要大家知道你關心學術，努力研究也不錯。我幾乎就是這樣的一個人，參加學會而寫不出論文，發表論文，又不能刊出。事實上，要在日本做一個學者，一定要讓人產生一個固定的印象，你是在研究哪一部書，或哪一個專門範圍的主題。每次你的論文，應該和你正在撰寫的博士論文的主題相應，但也不可以把博士論文的一部分拿去發表，否則的話，那一篇博士論文又不能通過了。

我在攻讀博士課程期間，由於主題是寫中國明末佛教的一位大師——蕅益智旭，所以在一九七三及一九七四的兩年，所發表的論文就是關於蕅益大師的。我的博士論文是一九七五年通過，所以那兩篇在「日本印度學佛教學會」宣讀的文章，雖然是我主題的副產品，但是已經有相當成熟的火候。所以，也被《印度學佛教學研究》的通卷第四十三及四十五號所刊出。他們的題目翻成中文的意思是〈智旭著作中所見的人物系譜〉及〈智旭的思想與天台學〉。

為了出席各項學術會議的活動，讓我遊歷了日本許多的地方，因為是宗派內的學術會議，會在他們自宗的各大寺院中輪流地提供場地和經費，全國性的會議，另由每一個參與的團體會員的相關大學主辦。每一個學者以個人身分參加，即成為個人的會員；大專院校以學校的名義參加，就成為團體會員。如果團體會員的學校之中有佛教學的系所，他們一定有幾位研究佛學的教授，估量其人力和財力而輪流擔任召開會議的主辦單位。我就因此常常跟著日本同學，到各地出席會議，除了自付長程的車費之外，一切都不要我擔心。在我們立正大學的同學之中，幾乎到處都有他們熟悉的人；日本全國寺院的總數在八萬座上下，所以我們到處可以找到寺院住宿，也讓他們提供飲食，或者住在同學的朋友家裡，接受食宿招待，以及車輛的接送。由於這個原因，除了四國地方，我沒有去過，南到沖繩，北至北海道，幾乎每個縣，我都訪問過了。不過，還是以東京周邊的次數較多。住宿日本的寺院，其實要比旅館更好，不管寺院大小，都很清潔，也很親切，難得的是都會考慮到要提供我素食的餐飲。

正在攻讀碩士學位的日本研究生之中，也有不準備成為學者而只想有一個讀過大學的名譽就夠，可是也真有不少的日本研究生，都非常努力，在出席學術會議之前，老早就準備把論文寫好，先給指導老師看過，然後一遍一遍地讀他自己的論文。在前往出席會議的車子上讀，及投宿之後，還會起早帶晚地讀，這個情景，有點像是私塾裡面的小學生，為了背書之前的晨讀一樣，而且是大聲地朗讀，就怕在發表的時候怯場，或者是讀得不順口、不流利，乃至於時間到了還讀不完。這種求上進的精神，實在是相當感人。

我的博士論文

一、學術與信仰

我本人的性向和氣質，都不是一個書生型態的人物，從小就沒有打算要成為學者，雖然我勤於讀書，勤於寫作，其目的不在於讀書，也不在於寫作。俗說：「讀書樂，讀書樂，書中自有顏如玉，書中自有黃金屋。」我沒有感覺到讀書是快樂的事，也沒有所謂讀書上癮，非讀不可的習慣，因為我沒有想要逃避現實，躲到書堆裡，從書中享受顏如玉和黃金屋的意境。更沒有想到以讀書來娶老婆、買房子。相反地，也不覺得讀書是如何的苦法，所謂十年寒窗無人問的失落感，沒有發生過。所以，對我自己而言，可以讀書，也可以不讀書。

中國的讀書人，主張讀聖賢書，所為何事？無非是希聖希賢，見賢思齊，因此而有韓愈主張「文以載道」。因為我讀佛書，知道語言、文字、名相，都跟生死大事了不相關，《大智度論》卷一有云：「過一切語言道」，也就是說，語言文字所表達的，都非真理。無怪乎禪宗要主張「不立文字」了，菩提達摩祖師說：「不隨文教。」《六祖壇經》說：「不假文字。」所以，儒家的「萬般皆下品，唯有讀書高」的思想，對我而言，也沒有多大的意義。可是，我在去日本以前，就已經讀了好多書，寫了好多書。其原因和目的只有一個，那就是吸收書本的知識來讓大家分享，分享它的利益，而不是分享知識的本身。應該知道而不知道的人，要讓他們知道；不知道而又誤解的人讓他們了解；了解之後而尚不知如何照著去做的人，要告訴他們做的步驟和方法。我不敢以自己的私見來勉強人家，總希望以正確的佛教理念來幫助人家。

當我寫碩士論文時，總以為《大乘止觀法門》那本書既是思想的，也是實踐的。寫完之後，才發現那是一本哲學性、思辯性的書，目的是要讓人接受如來藏的觀念是正確的，而使人建立起人人都能成佛的信念。我的那本書，出版已經十多年了，還有很多人把它買回去當作修行方法看。看完之後才知道上了當，它不是實踐性的，而是研究性與思辯性的。我對此感到非常地抱歉。但是，因為那一本書的研究，使我得到碩士學位，應該對那本書的作者慧思大師表示感恩。

碩士學位，對我雖然沒有用，對佛教卻有用，也對我為佛教貢獻力量有用。如果沒有碩士學位，就不能夠進入博士課程，如果沒有完成博士學位，就不能有學術和教育界公認的地位，與此相關的職位我也無法取得。若無學位，對於創辦高等教育，培養高級人才，不僅沒有資格親自主持，而且也沒有那樣的能力。要做一個成功的游泳教練或球隊的教練，至少自己要會浮水，要會打球。所以，我就被因緣推著，接受了博、碩士課程的教育以及學位論文的撰寫。

我是為了自己的信仰而從事於學術的研究，不是為了學術而學術，為了研究而研究。例如我為什麼選擇蕅益大師做為博士論文的研究主題？這有三個原因：1.蕅益大師是明末四大師之一。他不僅是一個學者，實際上是一位實踐家。所謂行解相應，正是佛法的標準原則。2.大家都認為蕅益大師是中國天台宗最後一位大成就者。我對天台宗所倡導的教觀並重、止觀雙運，非常嚮往。因為這是教理和禪觀相輔相成，也正是今日佛教所需要的一種精神。3.我在選擇論文題目的時候，向指導教授坂本幸男請教，他說，本來他想寫，現在老了，所以曾經鼓勵另外一位中國留學生寫而還沒有消息，現在如果我能也願意寫，實在太好了！

當時我問他：「寫什麼？」他說：「蕅益智旭。大家說他是天台宗的一位大師，究竟他講些什麼？他的著作很多，看來也相當地龐雜，所以需要加以研究。」同時，他又向我指出：日本江戶時代，有一位天台學者，靈空光謙（西元一六五二—一七三九年）在他所寫〈刻靈峯蕅益大師宗論序〉中曾說：「讀蕅益宗論而不墮血淚者，其人必無菩提心。」當時我還沒有讀過《靈峯宗論》，讀了《靈峯宗論》能使人感動得流淚而發菩提心，必是一部好書，正是我們現代佛教徒急切需要知道的。就這樣，我確定了博士論文的主題。

這是一九七二年春天的事，從此我就開始蒐集論文資料，為了報答佛恩，我應該要發揚蕅益大師的精神。

坂本幸男博士，是一位學者，也是一位道心堅固的佛教徒，所以才會關心到對於蕅益大師的研究。記得，當我讀完碩士學位時，由於經費無著，準備收拾行囊回國，而把這困難向坂本博士報告，他引用了兩句最澄的話給我慰勉：「道心之中有衣食，衣食之中無道心。」囑我為法求法，勿慮生活無著，當從艱苦困難中培養求法精神。這種鼓勵，正是我當時最需要的，比答應給我金錢的支援更有用。

過了一個學期，也就是一九七〇年的夏天，就有位隱名的善士從瑞士給我來信，答應支援我留學的費用。可是，由於美金的貶值，我所申請的那一筆錢不敷開支。坂本先生知道之後，便對我說，希望我一九七五年春，在他退休之前，提出博士論文就好。至於經費，他會為我設法，每年六十到八十萬日圓。幸好瑞士又給我不夠的數目補足，第二次匯到。可惜，一九七三年，坂本先生也就過世了。我的論文還沒寫好，也沒有提出，費用雖然沒有問題，論文的指導倒是成了問題。我只有默默地在心中禱告，但願能夠度過難關。結果，是由坂本先生的兩位老友，金倉圓照及野村耀昌博士接下來，成了我的正副指導教授。因此，我的博士論文，是在信仰的支持中獲得的研究成果。

二、資料蒐集的困難

蕅益智旭的著作，多數被收入《卍續藏》中，有兩部著作也被收到《大正藏》中。在他的著作中，也發現了其他相關著作的名稱，我希望能夠得到他的全部著作，可是不知道在哪裡，也不知該從何處蒐集。當時的日本，雖然已經開始有電腦的設備，各圖書館卻還沒有進步到只要給予作者的姓名「蕅益智旭」，就可以找到他全部著作的目錄以及其收藏的所在。尤其是蕅益大師的著作，在其不同的年代，對於不同的性質，就有不同的署名，所以，要得到全部的消息非常困難。好在我有我的笨方法，就是並不等待把全部資料收齊之後才開始研究和寫作，而是邊看、邊寫、邊找。

在日本，知道蕅益大師的人不少，用過蕅益大師資料的人也滿多，特別是他的《閱藏知津》、《教觀綱宗》，還有他的文集《靈峯宗論》。若想找到真正研究介紹或發表過有關蕅益智旭的研究論文，則寥寥無幾，而且也沒有提出什麼見解。這倒可以讓我放心大膽地把它們全部擱在一邊而專心於蕅益著作的研究就好。同時，也由於這樣的原因，我又感到特別地困難，沒有線索軌道可以探索，不知從何著手。蕅益大師非常重視目錄學，可是他自己著作的目錄，卻還沒有後人替他整理。

蕅益大師的著作層面及其範圍，相當地龐大繁雜，他是一位佛學的大通家，也是一位精通儒學的大儒家，甚至也涉及基督教的探討和批判。因此，有些看來與純粹佛教不相關的著作就沒有被後人收入藏經；有些著作，被後人再版幾次，又給它們不同的書名，內容方面也有增減刪補。要把它們全部找齊，逐字核對，孰前孰後，予以辨明，也得大費周章。經過兩年的時間，被遺漏在藏經之外的蕅益大師的著作，終於被我逐漸地發現了。

其中最重要的一部書是《靈峯宗論》，那是在蕅益大師圓寂之後，由他的出家弟子成時，編印流通的。根據成時所撰〈宗論序〉，對於《靈峯宗論》的編成有如下的記載：「諸疏外，稿有七部，今輯為全書，以文為類。原在稿外別行者亦以次收入……合十大卷，分三十八子卷。」這七部稿的原名究竟是什麼，編者並沒有告訴我們，而只是散見於蕅益大師的著作之中。因為編者已經把它們打散了，而且摻入了七稿之外的文章。可是，對我來講，必須找出那七部的名稱以及原來的內容，才能夠發現蕅益大師著述思想的段落層次，而那七部獨立的稿子，既然曾經分冊出版，如今它們又在哪兒呢？

事實上，我在動手蒐集蕅益大師的著作之初，手頭僅有一冊弘一大師所編的《蕅益大師年譜》，也是非常地簡短，以四號字，刊印的三十二開本，共二十九頁的一本小冊子。因為當時的弘一大師所能見到的資料，並不完全，所以編得不夠細膩翔實，可是，對於當時的我，已經是如獲至寶了。最重要的一部《靈峯宗論》，我從來沒見過，出國之前，聽說臺灣南部某某法師藏有一部這樣的書，那是我相當熟的朋友，因此寫信向他求借。前後連寫兩封，都如石沉大海，也許是地址錯了，或許他擔心這樣珍貴的古書，寄到日本之後，非常可能從此再不回頭。後來我在見面時問他，他只笑而不答；那時我業已寫完了論文，完成了學位。

我從各大學圖書館的書目，找尋這一部書，始終不得要領。最後不得已，只好去請教我的指導教授坂本博士，相信他一定看過或知道在哪裡有。很幸運，他從他書房的頂架上，墊著椅子，取下一套線裝書。那是十八世紀，日本再刊的木刻本，封面是用柿漆皮紙包裝，一共十大冊，每冊都有白底黑字的正楷書標：《靈峯蕅益大師宗論》。但是，他給我一個條件，只可以看，不可以動筆圈畫，在一個月以內歸還。我如獲至寶地說：「沒問題！一個星期以內就能歸還。」他知道我要做什麼了，說：「影印一部最好了！」就這樣，我便以《靈峯宗論》為研究的重心和線索，在二年之間讀了二十七遍。

蕅益大師的全部著作，總計有五十一種，二百二十八卷，被一般人認為重要的著作已經在藏經裡可以找到，對於我蒐集資料來講，反而變成並不重要，倒是那些被後人忽略了的著作，對我卻變得非常地重要。首先我把手頭已有的蕅益著作裡邊發現的著作名稱，製成目錄，接著從蕅益著作的相關資料，發掘蕅益大師所用不同的署名，然後再從他的署名去找他的著作。最好的參考就是他每寫一本書，一定有「序」、「緣起」、「題跋」，而透露一些相關的著作名稱，然後我就親自到東京市內及其周邊的幾家大學的圖書館尋找，或者委託京都的朋友，代我到幾家佛教關係大學的圖書館蒐查。最後我都把它們影印到手，例如《闢邪集》、《周易禪解》，藏於東京的駒澤大學；《法海觀瀾》藏於東京的大正大學；《選佛譜》藏於京都的龍谷大學；另外一本《四書蕅益解》踏破鐵鞋無覓處，結果在一九七三年回臺灣，在臺北市路邊的書攤上，見到一本臺灣先知出版社出版的複印本，可惜四書之中少了一種《孟子擇乳》。

後來我也發現了集成《靈峯宗論》的七種原始文集單行本中的五種：1.《淨信堂答問》三卷，藏於東京東洋大學哲學堂等。2.《蕅益三頌》一卷，藏於駒澤大學，《明版大藏經續藏》第四十八套第八本。3.《梵室偶談》及4.《性學開蒙》兩本書，也藏於駒澤大學，《明版大藏經續藏》第八十套的第九本。5.《絕餘編》藏於駒澤大學。我將這些單行古本，拿來跟《靈峯宗論》所收的內容相對照，就發現它們之間的繁簡，有不少的出入。大致上說，《靈峯宗論》已把原來的單行本，精簡刪剔了很多，卻不知道是出於蕅益大師親手更動或是屬於編者成時的技巧了。不僅如此，在比較早期的單行本中，蕅益大師每每不厭其煩地把他自己所遇到的、見到的、想到的當時的僧俗弟子，一一舉名列姓，到了《靈峯宗論》，則僅剩下了常見的幾個人名。

蒐求寫作資料，真要鍥而不捨，絕對不能中途而廢，知難而退。日本這個民族，非常重視文獻資料的蒐集；他們的學者到中國訪問，如果聽到、見到哪兒有古書，不論有用、無用，他們都會蒐集回國。清末民初時代，在中國國內能夠找到的古代佛典相當有限，在日本卻先後編輯成了幾套藏經，把他們從古至今已經蒐集了的漢文佛教著作，分門別類，編印成書。未被編入藏經的已有資料，還是很多，因此使我有信心，蕅益大師的書，一定可以在日本哪個地方找到。因此，弘一大師在《蕅益大師年譜》中所說：蕅益（西元一五九九—一六五五年）距離我撰寫論文時只有三百二十年，曾經出版成冊的著作只有四十七種。我所見到的則有五十一種。實質上，弘一所見四十七種目錄，未必都已見到那些書的內容，因為，在中國國內是無法找全的。

對於中國人來說，喜歡簡易明瞭實用，所謂「入海算沙」那種工夫，做得實在沒有意義，直到現在，還有人說日本學者，乃至西洋學者研究佛學，都是做的雞毛蒜皮、綠豆沙子的工夫；說他們只知道找資料、比資料、編輯資料、介紹資料，寫成一本書，堆上圖書架，對於實際的生活，實踐的鼓勵，並沒有用處；如果有用，就是讓後來的學者再用他們的資料，再去寫書，真是無聊！聽來的確很有道理。所謂「學以致用」，讀書是為經世。結果，我在日本讀了六年書，也是用的這種方式，做了這種工夫；寫出來的論文，花的時間很多，有興趣看它的人很少。不過，這種書的價值，並不在於廣泛地流通，而在於問題的釐清。縱然只寫了一本，卻會成為歷史里程的記錄。

三、撰寫論文的發現

從蕅益的自敘傳，可以見到他在三十二歲時，曾做四鬮問佛：1.華嚴賢首宗，2.法華天台宗，3.法相慈恩宗，4.自創一宗，請佛啟示，究竟他該專精那一宗，或者是自己別立一宗來弘揚佛法。結果累次拈起的都是法華天台鬮，此後他便依據天台宗的註經方式來解釋經論。而且他撰有天台宗的綱要書《教觀綱宗》、《法華經》的解釋書《法華會義》、天台宗的宗義書《法華玄義節要》。因此，被後人認為他是天台宗的大學問家。若想要懂得蕅益，也就必須先了解天台宗的教義，因而使我先去讀天台智者大師的

《法華文句》、《法華玄義》以及《摩訶止觀》。當時的我，也很希望能從天台宗的思想脈絡，來看蕅益大師的著作。結果我將蕅益的《法華會義》及《法華玄義節要》和天台智者大師的著作對照，並沒有發現新義，只好放棄向這一方面的努力。接著發現他的著作牽涉的範圍很廣，不知從何著手寫起。若以某一經某一論的觀點來探討蕅益，那是無法掌握的，結果決定用編年的方式，找出他的行蹤、思想、著作的年代及地點，以及和他所接觸到的那些人物，才能夠眉目分明地看到了整體的智旭的一生，包括他的讀書、寫作、修持、人際關係，及其思想的源流和演變。

論文的第一章是寫蕅益智旭的時代背景。由他的著作中，發現他所見到的當時的政治和社會、學術和宗教，是怎樣的狀態，再根據他的所見所聞為線索和焦點，蒐求相關的周邊資料和史料，然後寫出論文，就能夠讓我們好像身歷其境地，感受到智旭的時代環境，那正是遇到明王朝末期的衰亂、社會的不安、宋明理學家對佛教的撻伐、儒釋道三教同源論的激盪、天主教的流行和佛教的對抗、明末的佛教僧團也是一片腐敗。

第二章寫智旭的生涯，把他的師承、私淑、盟友、道友、弟子，以及智旭傳記資料的分析和他的行蹤所至的地理位置的考察分析介紹，就可以發現，他與什麼人，於什麼時候，在什麼地方，由於什麼原因而發生了什麼事。

第三章是智旭的信仰和實踐，這一部分多半出於《靈峯宗論》的資料。他是一個宗教信仰非常強烈、堅定的人，也可以說是相當感性的人，他一生多病，所以相信自己是一個罪業很重、魔障很多的人，常常自我反省、自我要求、自我責難，他不敢相信依他自己的力量，能夠修行成功、消除業障、解脫生死，他相信他必須仰賴他力的佛與菩薩，來慈悲救濟。他也相信，若要求得佛菩薩的感應，必須發憤努力修種種行。因此他相信觀音、地藏兩位菩薩的慈悲加持，也渴望阿彌陀佛的本願接引。他在年輕時代，曾經有過幾次自以為是的悟境，但是事過境遷之後，那些悟境，並不能使他感到真有自主生死的受用。因此他的一生，在修行方面，都是在禮懺、持咒、寫血書，用火燃臂、燃頂，最後他是一心嚮往彌陀接引往生西方。他看了不少禪宗的語錄，可是，還是以西方的彌陀淨土，為其最終的依歸。

所以他有一部《阿彌陀經要解》寫得非常地好，直到現在還是受到普遍地傳誦。

第四章是寫智旭的著作。他主張「先知而後行」，對於佛法的認識和理解，是修行佛法的必要條件，他寫了那麼多的著作，就是在強調幾個觀念：禪教一致，教觀雙修，見證相應，信、解、行不能分離。而他的著作態度，也非常地謹嚴，一方面要有根據，另方面也要有創意，他主張「備採眾長，證以心悟」，他不喜歡當時一般學者的著作，認為是「穿鑿茫無根據」。我對於智旭的著作的介紹，是採用書誌學的態度，把他的著作以編年方式編成目錄，然後註出它的卷數、著作的地方、現存何處、署名的方式，製成表格之後，看來一目瞭然。他的著作多半在序和題跋之中說明撰寫的年月日，其中也有十九種沒有註明撰寫的確切時間。但是，根據它們的內容和智旭本身的思想過程，也可以推出撰寫的年代。

從其著作的年代先後看，蕅益智旭在三十歲到四十歲的階段，重視大、小乘的戒律，四十歲以後，從事於《楞嚴經》、《金剛經》、《法華經》、《唯識論》、《因明》、《阿彌陀經》等的闡述，其間也旁涉儒書和天主教的教義。五十以後再治《法華經》、戒律以及《楞伽經》、《大乘起信論》。他的著作之中卷帙最大的，是共有四十四卷的《閱藏知津》，完成於五十六歲那一年，同年也完成了五卷的《法海觀瀾》及十卷的《淨土十要》，到了第二年，他就圓寂了。

第五章是討論智旭思想之形成及其展開，從他十二歲到三十三歲的階段，有兩條路線：第一是以《楞嚴經》為中心而討論禪和淨土的問題；第二是以禪為中心而討論戒律的問題。到了壯年期分成前後兩個階段：前期是從三十一歲到三十九歲，闡揚法性與法相融會的思想，也是以《梵網經》為中心的「心體」思想。他的壯年後期是從四十歲到四十九歲，乃對《楞嚴經》的再重視以及發揮諸宗融通的修道論；接著他把天台教觀和唯識思想調和，同時又歸結到淨土的思想。到晚年期，是從他的五十到五十七歲，他的思想則側重於《楞伽經》和《大乘起信論》，因而達成了他的性相融會、諸宗統一論的目的。因為《楞伽經》是如來藏系統的經典，同時也有「五法三自性，八識二無我」的唯識思想，是一部兼具如來藏性宗思想和唯識相宗思想的經典。《大乘起信論》既講真如及如來藏的性宗觀念，又講阿黎耶識的相宗思想。蕅益智旭就是站在這樣的立場看所有一切經教，應該是互相互融，所以他對性相兩系的經典，同等看待。

我在前面已經說過，蕅益智旭，一向被學者們認為是天台宗的學者，其實，他留下有關天台宗的著作確實有四種：1.《法華會義》十六卷，2.《法華玄義節要》二卷，3.《法華綸貫》一卷，4.《教觀綱宗》、《教觀綱宗釋義》各一卷。但是，據他自己所說，他寫《法華會義》僅是為了把前人重要的觀念用淺顯的文字介紹出來，給人做為入門的方便，不敢有他自己的議論。《教觀綱宗》亦別無新義，只是把天台宗的五時、八教、六即和十乘觀法，精密地組織起來。也就是把頓、漸、祕密、不定的化儀四教，藏、通、別、圓的化法四教，各各配合著十乘觀法及六即位，而加以解釋和介紹。也就是把天台宗教觀並重的思想，提綱挈領，而使後學者能在短時間內了解繁瑣的天台思想。站在天台宗的立場，當然可以說他在闡揚天台思想，也可以稱為天台學者。可是，他並不專精於天台，目的是在促成佛教大一統的局面，也可以說，在蕅益智旭的時代，是中國的明末之季，整體的佛教就處於那樣的狀態，也有那樣的要求。那就是性相和禪教的調和，天台及唯識的融通，天台與禪的折衷，儒教與佛教的融合，結果是達成禪、教、律、密匯歸於西方阿彌陀佛的淨土。

當我寫完了這部論文時，發現蕅益智旭的一生，非常地用心和誠心。一面全力以赴地從事於信仰的實踐，另一方面，又夜以繼日，年復一年地闡揚經、律、論三藏的佛教教義，從學術上說，他並沒有屬於哪一宗、哪一派，就拿他認為是最終依歸的西方淨土而言，也只是留下了一部著作《阿彌陀經要解》，以及若干單篇的散文而已。像他這一種思想的傾向，在中國一直維繫到清末民初，例如：近代的太虛大師所持「八宗皆圓」

的思想，也可以說，就是受到蕅益大師的影響。蕅益大師在印度大乘佛教的三個系統之中，討論到真如、如來藏的性宗及瑜伽唯識的相宗，卻未討論過龍樹、提婆的中觀。而他所討論的唯識，也不是正統法相宗的觀點，他沒有參考慈恩窺基大師的《因明大疏》，並且使用天台宗的著述方式，故特別加入「觀心釋」的一科。這個「心」不是唯識所講的八識心王的心，而是強調「萬法唯心」的心，用唯心來解釋唯識。所以他那本書的名字就叫作《成唯識論觀心法要》，他的目的不在於發揚唯識思想，已經非常清楚了。

東方和西方

一、完成了博士論文

一九七五年元月，我把博士論文，向立正大學大學院的辦公室提出而被接受，能否通過不知道。那是親自用鋼筆，筆筆不苟地謄清在每頁五百字標準規格的稿紙上，共計將近一千頁，裝訂成為三大本，一共影印了好多份，分送給論文審查會議每位相關的教授。審查的方式有兩種：一是由教授會議裡推選出適當的專家三到五人，專案審查，然後在大學院（研究所）的文學院、東洋史、佛教學和日蓮宗宗學的全體教授給予口試通過。另外一種屬於責任制，由正、副指導教授簽名推薦證明這篇論文已有申請博士學位的水準，然後再經過全體教授會議的通過。我是被指定為第二種方式。因為在日本，指導教授對於所指導的論文是負全責的，如果水準不夠的論文而被證明通過，對於那位指導教授便非常不利。他們也很愛惜羽毛，不會隨便點頭說好。因此一旦被指導教授推薦證明，就算是已經通過了。尤其像我的正指導教授，前後有兩位，坂本幸男和金倉圓照，都是當時日本學術界權威性的長老，而金倉圓照博士，也是日本學士院的會員，乃是國寶級的人物。他曾經擔任過國立東北大學的校長，他的專長是印度的外道哲學。但是在他的著作和譯著中，卻有有關於中國佛教的文獻。我的副指導教授野村耀昌博士，是中國佛教史的專家，著作有十多種，他們兩人都對我的論文有相當高的評價。那份審查報告書的初稿，是由野村博士起草，當金倉博士看完之後，又加上了更多、更強調的嘉評，這在野村先生看來也覺得意外，因為金倉先生的治學態度一向謹嚴，能夠對我如此，這是我的殊榮。

同年的二月十二日上午，整個大學院的氣氛有些緊張，我的同學們、老師們，看到我時，好像是都在為我祈禱，因為有二十來位教授要給我的論文做審查，連金倉和野村兩位指導教授也有點緊張。審查結果，主席宣布全數通過。當時最高興的好像不是我，而是我的兩位指導教授，馬上站起來向大家道謝，並向我道賀。這項論文口試的會議，竟是如此順利。

這篇論文，我寫得並不痛苦，卻很辛苦，花費的時間相當多，被我麻煩的人也不少。每隔一週，拿著我寫好的稿子輪流地去拜訪兩位指導教授，面對面地對讀，經過三易原稿，花掉兩位教授的時間相當可觀。每次到他們的府上一坐就是半天，害得兩位老教授的夫人忙著倒茶、送點心，有時還到外邊叫了壽司讓我過午，請我晚餐。經過兩年的時間，我已經等於成了他們家裡的一分子，見面的機會比他們自己的親兒女還多。

另外，為了我的論文日文文字的潤飾，也麻煩了好多位日本的老師和同學，一共七位，他們都是我的好友，其中的桐谷征一先生，幫忙最多，不僅將整部論文校讀修正，還幫助我在組織結構文字觀點上的改進，也因而陪我去箱根風景區日蓮宗關係的度假中心，享受了三天的半價優待；我們兩人就關在房間裡整整三天。我們不是去欣賞風光，而是去逃避東京的塵囂。那三天之中，除了吃飯、喝水、睡覺，沒有電話，不看電視、報紙，也沒有任何事的打擾，就專心一意地來看我的論文。想想看，一部四十多萬字的論文，就是看一遍都已夠麻煩的了，何況還要逐句逐章地校正和修改，像這樣的朋友要到哪裡去找？

此後，過了一個月又五天，在同年的三月十七日上午，我在立正大學的校長菅谷正貫博士的辦公室，約了我的兩位指導教授以及學校裡的幾位高級行政人員和大學院的祕書，舉行了一個茶會，每人一份蛋糕，一杯咖啡，吃過之後就舉行頒授「學位記」（授博士學位證書），從此我的頭銜就變成了「文學博士張聖嚴」。校長沒有講什麼話，只是宣讀了學位記的內容，最後說了一聲：「恭喜！」把一張文憑交到我的手上，大家鼓掌之後，典禮就算完成。看來當一個日本的文學博士，一點也不神氣，既沒有盛大的典禮，也沒有博士袍和博士帽穿戴，到了任何場合的儀典之中，誰也不知道你擁有文學博士的身分。我早已知道這一點，所以當天我是以一個比丘的姿態，盛裝出席，整整齊齊地穿上我的僧袍，披上我的袈裟，以表示對於三寶的感恩和對比丘身分的珍惜。典禮結束之後，看到校長室內掛著一幅日蓮宗的創始祖，日蓮上人畫像，便深深地向他拜了三拜，感恩在他宗派門下所設的學府，完成了這項最高的學位。

在日本，當時還沒有哲學博士，只有文學博士。凡是研究歷史、宗教、文學、哲學的，都頒授文學博士，而在所有的博士學位中，以文學博士最難。在他們日本人，總是需要讀完博士課程之後十年至二十年，才能獲得論文博士學位。在他們的觀點，博士學位，表示已經到達這位學者治學成績的最高點，所謂登峰造極，才能夠有這項榮譽。我能夠在四年的博士課程之內，就提出論文，而且獲得學位，算是非常地幸運了。

二、我成了海外學人

博士學位的文憑到手之後，照道理，我已經無事可做了，可是，我的工作並沒有完成，那就是要把論文在日本出版。因此，我必須在東京繼續留下，一邊張羅出版的經費，同時接洽出版的公司。因為，在日本要出版類似的學位論文，通常可以向文部省申請出版補助費，否則沒有出版商敢於接受。學位的論文，除了專家學者及學校圖書館收藏之外，不會有多少銷路。到了四月，終於接洽好東京山喜房佛書林，跟它的負責人淺地康平氏談妥，出版五百冊，我必須買下其中的一半。它的訂價是每冊日幣八千五百圓，打七折，結果我付了他一百五十萬日圓。這一筆錢是從我歷年的生活費節省下來，加上美國沈家楨居士及他的好友沈嘉英先生，還有臺灣的南亭法師也幫了我一些。可見，書中不僅沒有黃金屋，讀書寫書做乞丐，要出書得化緣。那一陣子，我經常要去出版社，看我正待出世的嬰兒，日本出版社出書的水準很高，要求相當認真，那本論文總共經過三次的校對，而那一份校對的工作，也不輕鬆，因為我書中所用的繁體漢字特別多，有些還是古字的原文，不能更改，所以曠日費時，經過半年的時間，直到當年的十一月二十三日，才真正地出版問世。

在我出版論文的階段，應我國政府之邀，回到臺灣出席了第四屆海外學人國家建設研究會，簡稱「國建會」。那是因為在我獲得博士學位之後，首先向我國政府駐日代表馬樹禮先生報告，馬代表因此而在三月二十九日，特假東京六本木的中國餐館「隨園」，舉行了一個盛大的慶祝會。不久便收到了教育部、青年輔導委員會、青年救國團等三個單位聯合邀請的函件，徵詢我的意見，能不能回國出席會議。就這樣我便成了一九七五年被政府邀請回國出席國建會議的一百二十位海外學人中的一員。

在我的心理上，始終以為自己是一個和尚，怎麼在短短的幾天之中就變成了文學博士，又是海外學人？當時我的感想是：政府對於在國外養成的人才相當重視，古人讀書有所謂「書生報國」的遺訓，也有「衣錦還鄉」的榮耀，而對於我這樣一個僧侶身分的人來說，個人的榮譽，不足輕重，對國家及佛教的責任，還是有的。尤其在我之前赴日本攻讀佛學課程的僧尼，得到了學士及碩士學位回臺灣，進入高商教書，均不受政府的承認。如今既是教育部等政府單位，邀我回國，應該算是我的學位資格，已被政府接受，所以欣然應邀，便於那年的七月二十五日，回到臺北，向大會接待處報到。

在這次會議中，讓我接觸到了不少知名國際的海外學者，像《人子》和《未央歌》的作者鹿橋、張其昀先生的公子張鏡湖博士、夏威夷大學的羅錦堂博士、西雅圖華盛頓大學的吳興鏞博士、佛羅里達大學的祝咸仁博士、喬治華盛頓大學的黃崑巖博士、哥倫比亞大學的錢熙博士、加州大學的吳允祥、華盛頓州立大學的張鶴琴、美國田納西大學的楊景華、紐約市立大學的翟文伯、波士頓大學的廖昭雄、德拉瓦州立大學的劉岱、西班牙國立拉固拉大學的陸錦林等，跟我交談較多，而對佛教與佛學都表示有興趣；其中有幾位，在會後還保持聯繫，他們每次到臺灣，還會給我電話。在會議中也讓我接觸到，並且認識到好多位政府的高層官員，例如當時的總統嚴家淦先生、行政院長蔣經國先生、教育部長蔣彥士先生、青年救國團主任李煥先生、青輔會主任委員潘振球先生、青輔會的執行祕書姚舜先生、省主席謝東閔先生等。其中特別是教育部次長陳履安先生，還把我請到他家，約了幾位他的好友，做了一個晚上輕鬆的交談，焦點集中在佛學與學佛的問題。

我在會議中提出了三個案子，而且是大會主席顧培慕博士指定要我發言，因而使得電視台的鏡頭，都對準著我。我提出的三個問題是：1.宗教教育應納入大學的教育系統，2.社會教育應注意風化區的整頓和黑社會的疏導，3.注意精神的教育，也就是人文和科技，當並行發展。

其實這一次的會議，我貢獻的少而獲得的多。一個和尚以海外學人的身分，在國內的電視及報紙等媒體，一連出現了幾天，使得國人對於僧尼的觀感，煥然一新，對於佛教的形象，也是一大轉捩。

不過佛教界對我的反應，分成兩個極端：若干居士認為僧中出了一位博士，而且是海外學人，佛教可以「出頭天」了。另外一類人士則說：做了和尚還弄一個博士的虛名，有什麼用呢？他回來會搞什麼名堂！大家倒要小心點了。所以，除了東初老人及少數長老法師和老居士們，對我的回國，表現得相當熱忱之外，一般而言，都持觀望的態度。

事實上，我在那個階段，能做的不多，正像當時有一位我在上海讀佛學院時代的同學，寫信對我說的那樣：「你老兄是在國外學會了駕駛技術，也考到了駕駛執照，可惜我們國內，沒有汽車讓你開，奈何！」雖然我的剃度師東初老人希望我回國辦教育，那又談何容易，因我根本不知道要從哪兒著手！

所以在會期結束不久，我又返回了東京。正好美國的沈家楨先生，邀請我赴美國弘法講學，就以這樣的因緣，我便在當年的十二月十日，離開了東京，就到了美國。

三、現實讓我改了行

僑居在美國東海岸的沈家楨先生，原來是一位航業界的鉅子，所以跟東方航運公司的董浩雲先生關係也很好，因此，我的大批圖書，也由該公司免費從東京運到紐約。不過沈先生公司的船隻，都是走的美國國內航線。由於他篤信了佛教，虔誠地護持，我在東京求學時，從瑞士轉來的獎學金，也可能就是出於他的支援，雖然直到現在，他還沒有明白地承認，但是我想，除了沈先生之外，沒有其他的人。在資助我之前，他也曾經贊助過另一位已經還俗了的僧人去留學日本，可惜沒有學成。

沈先生給我的邀請函，是由他所組成的美國佛教會（The Buddhist Association of the United States）出面，原先我希望進入他設於長島紐約大學的世界宗教研究院，再做幾年的研究，不過依沈先生的想法：出家人應該住於寺院。而當時的美國佛教會也需要有人來推動法務，所以把我安排在該會所屬的紐約市布朗士區大覺寺。

說來也真荒謬，我在七年前，聽不懂日文就去了日本，現在不懂英文而到了美國。因此，一到紐約住定之後，沈先生就把我送進了語言學校，每天四個小時，每週五天，為我安排的是個別指導老師，每小時十四塊美金，連續讀了半年，換了三個學校，然後又陸陸續續地補習了半年，花掉了沈先生不少的錢。不過真是被沈先生說中了：「人過四十歲，才從頭開始學另一種外國語文，比較困難。」後來雖然我把我的一位英文老師，變成了跟我學禪的學生，經常義務地做我的英文家教，而我直到現在，依舊沒有把英文學好。可以看，看得很慢；可以聽，有時需要人家再說一遍；可以講，詞彙不夠多；也可以寫，必須拜託他人修正。

不過，我沒有把英文學好的原因很多，到了美國，寺院的生活、寺務的行政、信徒的接引，使我沒有太多的時間來複習，加上美國佛教會的成員，多是華人，常用華語，沒有練習英語的機會。尤其從一九七八年以後，每三個月，我必須回到臺灣一次，住了三個月，再回美國時，已把所學的英文遺忘得差不多了。再進入美國，慢慢又有了一些進步，再次回到臺灣時，又把它們忘了不少。還有一項因素，是我的美國弟子之中，有人會講中國話，中國弟子之中，又有非常好的英語人才，結果，美國人跟我講華語，中國人把我的華語譯成英文，我就不太需要講英語了。

在大覺寺一共住了不到兩年，為了接觸西方人，接引西方人，而把佛法傳播到西方人的社會去的目的，僅僅用口頭說，是沒有吸引力的。美國人重實際，求速效，最好的辦法是要他們修密持咒、學禪打坐，直到現在，美國的西方人在接觸佛教和修學佛法，還是以西藏的密和日本的禪為主流，東南亞的佛教，也是用 Vipassana 的觀法，在西方受到歡迎，因此，我也用我在中國大陸和臺灣山中所用所學的禪修方法，以及在日本所見的禪修形式，在美國開始向西方人傳授禪的觀念和打坐的方法。就這樣，我便從一位新出道的文學博士，變成了傳授禪法的禪師。如此快速地改行，是我從來沒有想到的事。

四、禪師．學者．教育家

一九七七年十二月，我的剃度師東初老人，在臺灣過世，接到越洋電話後，立即從美國趕回臺灣，料理他的後事，也就奉他的遺命，繼承他的道場，成了中華佛教文化館的負責人，此後，我就在美國和臺灣，兩地奔波，東西兼顧。

我在紐約也成立了禪中心，成員中以西方人為主，華人較少，我陸續地舉辦了好多次定期禪修活動的「禪七」。為了授課的需要，編成了一本小書《禪的體驗》，內容包括禪的源流、入門方法、禪風的演變、悟境和魔境等，向跟我學禪的人，指出正確的觀念和安全的方法。這是我寫作有關禪學的第一本書。接著由於我的禪七開示，平時的授課，陸續地被整理成文，便相繼出版了兩種英文的定期刊物：1. *Chan Magazine*《禪雜誌》季刊，2. *Chan Newsletter*《禪通訊》月刊。到一九九二年年底為止，《禪雜誌》已經發行到五十八期，《禪通訊》也發行到九十六期。發行的地域相當遼闊，包括美洲、亞洲、歐洲、非洲、澳洲，共三十六個國家地區，所以在禪修道場的世界地圖上，我們紐約的禪中心，已經是一個眾所周知的據點。同時，我們從一九八二年開始，設立英文的禪學著作出版社，叫 Dharma Drum Publications（法鼓出版社），出版我的英文講錄，到今（一九九二）年底，已有八種，並在英國倫敦的 Element 出版公司，也為我出版了一本禪七的講錄。使我難以相信的，是義大利的羅馬，有一個出版社 Ubaldini

Editore, Roma，把我的英文禪學講錄 *Faith in Mind*（《信心銘》）翻成了義大利文，於一九九一年出版，它的書名是 *Credere Nella Mente*。

正由於我在歐美的英語世界，十六年來，主持了六十多次禪七修行，已被佛教界公認為禪師，所以，除了許多西方人的禪學團體，邀請我指導他們修行及介紹中國的禪學之外，到我執筆寫這本書為止，已經在以美國為主的歐美各國，應邀在四十多所大學，做了百場以上的演講，其中包括各常春藤聯盟大學。

從一九七八年開始，我也在臺灣北投中華佛教文化館及農禪寺，舉行大專青年學生及一般社會人士的禪修活動，轉眼之間，迄今已過十五個年頭，辦了四十四次禪七。其間，有編、有講、有寫，也完成了關於禪的著作七種，其中的《禪門修證指要》及《禪門驪珠集》，是禪宗古資料的新編；《禪的生活》、《拈花微笑》、《禪與悟》，是我的演講集和論文集。這五本書在國內的反應相當不錯，因此到了一九九一年，便被臺北的圓神出版社，委請散文作家林清玄居士，合編成三本書，標題為《禪門三要》，而在市場的行情，相當的好。我也因此而被國內的許多人士，當作禪師來看。

在前面的第三章第一節中曾經提到，我有禪宗臨濟及曹洞兩系的傳承，禪修上亦曾有過體驗，只是我在沒有到達美國之前，從未考慮過將會成為一位指導禪修的禪師，因緣既然做了如此的安排，也就隨順攝化，負起了傳授禪法的責任。

不過，以我在另一方面的表現，卻又不能說我是一位禪師了。一九七八年，當時中國文化學院的創辦人張其昀博士（西元一九〇一——一九八五年），聘我擔任該院哲學研究所教授，及其附設中華學術院佛學研究所所長。從此，使我在國內，進入學府，擔起了教育及研究的工作。雖然我還是每三個月要東、西兩地奔走一次，好在有臺北華嚴蓮社的成一法師擔任我的副所長，李志夫教授分擔若干行政工作。我除了教書，僅張羅出版《華岡佛學學報》年刊，不算過分繁重。由於這項職務，使我有機會一邊跟年輕的學生接觸，教學相長；同時跟當時研究佛學的學者們保持聯繫，自己也要撰寫研究性的論文。

到了一九八五年，因為已升格為文化大學，人事及其政策，有了變動，我便辭去了該校的職務，在幾位朋友和學生的期待鼓勵之下，假臺北北投的中華佛教文化館，創立了「中華佛學研究所」，並且出版《中華佛學學報》年刊。一九八七年七月，奉准教育部立案為乙種研究所，准許我們招收碩士班程度的研究生，但不授與學位。可是，我們的師資、設備、招生的人數及其報考資格，一律遵照教育部對於甲種研究所的要求，並且經過三年的學程，除了必須選修兩種以上的語文，仍得修滿三十六個學分，加上一篇論文，才能夠畢業，所以他們具有碩士的實際學力。故在畢業生中，好多位都考取了公費，留學日本的國立大學，如今已有完成東京帝國大學博士學位回國服務的學僧。

我在文化學院和後來升格的文化大學、東吳大學，以及中華佛學研究所，任教的學科，曾有華嚴、天台、淨土、中觀、唯識及禪學，當我教了數年之後，學生摸著了門，我則因此而懂得比學生要多，所謂水漲船高，是不變的道理。我很感激有這種的機會。例如：因為要教《華嚴五教章》，所以讓我去看了華嚴學的許多相關論作；因為要我教唯識學，所以蒐集到我能夠發現的有關《成唯識論》的註解和研究論文；因為要我教中觀學，使我閱讀古今中外有關於《中觀論》的註釋、研究，以及各種《中觀論》的異譯本。這些都是我在以往的學程中所欠缺的。當時，我是抱定這樣的態度：我懂得不多又不精，沒有關係，總是要求我的學生們在聽課之後，能夠青出於藍；我自己不行沒有關係，但要坦白地告訴學生，不要以我做標準，當以他們自己能夠做到的標準為標準。這也非常有用，例如當年聽我講中觀及唯識的學生惠敏法師，如今從日本東大完成博士學位回來，已經接替我來教授這兩門課，比我教得更好。文化大學出身的陳英善博士，當年聽我講華嚴和天台，目前就在我們所裡擔任這兩門課程。慢慢地，我把禪學及淨土學，也都交給了年輕一代，如日本佛教大學的文學博士慧嚴法師等擔任。對於現代化的佛學教育，我是一個在篳路藍縷的景況下開出一條小路來的拓荒者，至於寬廣的大道，則有待後起之秀的繼續努力。

我沒有受過現代化的大學教育，甚至也不曾讀過高中，可見，由我來從事教育工作，並不是最恰當的人選，也不會是一個很好的老師。不過閩南語中有句俗諺：「沒牛使馬。」沒有牛的時候，像我這樣的一匹瘦馬，勉強可以代用而已。但我正在從事研究所的教育工作，乃為事實。

又因為我是國際佛教研究協會（The International Association of Buddhist Studies）的創始會員之一，每兩年在世界各國輪流召開一次論文發表會，我均受到邀請。同時，我們的佛學研究所，也有一份每年出刊一冊的《中華佛學學報》，每次容納二十萬到四十萬字，我就必須每年至少要寫一篇富於學術性的研究論文。其中有連貫性的是對於明末佛教的研究，也可以說，那是我博士論文的後續工作。每篇都以中文撰寫，然後翻成英文。到一九八七年，我將其中的四篇：1.〈明末的禪宗人物及其特色〉，2.〈明末的淨土教人物及其思想〉，3.〈明末的唯識學者及其思想〉，4.〈明末的居士佛教〉，總共近二十萬字，輯成一書，名為《明末佛教研究》。由於這本書的出版，好多人誤以為是我的博士論文的中譯本。其實，我的學位論文是由關世謙先生譯成中文，於一九八八年交給臺北的學生書局出版，列為他們宗教叢書的第五種。

我的博士學位論文，以及後續的一本論著，雖然看的人不多，卻已成為世界各國較大的公私立圖書館東方部都會收藏的文獻，凡是研究中國明清問題的學者，也多會參考這兩本書。可見讀的人雖然少，並不是沒有用。因此，我是一個國際公認的學者，應是無可置疑的事實。

遊歷和寫作

一、雪地留腳印

我從年輕的時候開始，就養成了寫日記的習慣。但是，我曾看過幾部好日記，不僅看到作者的生活，也看到作者的思想、感情、人格。通過他們的觀察、體驗和文字的技巧，能夠讓讀者進入作者的心靈世界，也可分享他們的生活情趣，既能讓你獲得知識，也能啟發你的智慧。跟著日記的筆觸，與作者一同回憶過去，努力現在，寄望未來。那樣的日記，就是一種生命的呈現，有血有肉，也帶著熱淚，有苦有樂，也帶著歡笑。可是這種作品並不多見。

我是何許人也，自知是個沒有文學基礎的人，也不是很有思想的人，更不是像許多的文藝作家那樣，富有奔放的感情。所以也不會寫出很好的日記。

可是，自從到日本留學開始，我每天仍寫日記，只是僅僅簡短的幾行，比每天的生活流水帳還要簡單。

像那樣備忘式的日記，如果沒有打算要寫回憶錄，便是沒有用處的，因此我也沒有太重視它們，經過幾番地搬運、遷移，多半已不見了它們的芳跡。

可是，我寫日記的習慣，還是繼續地保持了下來，我把這樣的日記比喻作雪地的腳印，當我記錄的時候，非常地深刻而鮮明，那是我人生的經歷和生命的過程。過了之後，往往又覺得並不重要。就像人在雪地行走時，一步一腳印，步步分明，走過之後不久，腳印便被繼續飄落的雪花淹沒；否則到了融雪之後，腳印也不會存在。

可是，倘若覺得我的腳印，能對他人縱然是暫時有益，我也會盡量地把它們寫成文章向人報導，比如我在日本求學時代，留下了二十來篇報導性的文章；到了美國之後，凡是參加對外的活動以及初次經歷的訪問活動，多半也會寫成文章向臺灣的刊物報導。類似的作品，我也是叫它雪地的腳印，因為在漫天風雪的景況下，在野外留下的腳印，注意到它的人，恐怕不多，但是在大風雪中還能在野外向前邁進的人，絕不是要讓人家知道自己在雪地上留下的腳印，只要自己知道，為了既定的目標，必須冒雪趕路就好。

我寫報導文章及遊記，多半也是以每天的簡短日記為基礎。我在寫作的出發點上，只希望把自己所知的，也告訴人，而在實質上，寫過之後，受益最多的是我自己，若對經歷過的事、見過的人、看過的書、處身過的環境，不把它們寫成文章，便不會留下深刻的印象，也不會成為真正的經驗。所以只要時間許可，而且值得動筆來寫的話，我就在事後把它們寫成成篇的文章，乃至於成本的書，給自己做參考，向讀者做報導。特別是從一九八八年開始，到一九九二年的現在為止，我已經出版了五冊散文體裁的遊記。

二、闊別三十九年的故鄉

一九八八年的春天，我第一次回到闊別了三十九年之久的出生地中國大陸，當時，我並沒有準備為此寫任何文章，可是在訪問十九天之後，回到僑居地的紐約之時，對於那一段的訪問過程，久久縈繞腦際，總是揮之不去，所以執筆為文。本來只想寫幾千字，略抒胸中塊壘，想不到開始寫作之後，竟然欲罷不能，在數日之間成稿盈篋，而完成了一本書，於當年的十月，交給我們自己的東初出版社發行，名為《法源血源》。

那本書，是從收到故鄉俗家姪兒寄來的家書開始寫起，然後沿著我回鄉的路線寫下去，我從臺灣經香港到北京，然後遊歷長城、定陵、北京的法源寺、佛牙塔、雍和宮。然後到洛陽，訪問龍門的石窟以及白馬寺、少林寺，然後到西安，訪問了興教寺、大興善寺、大慈恩寺、大雁塔、小雁塔。

接著，從西安飛到上海，才見到了我俗家的親人：三位老哥、一位老姊夫、大批的姪兒女和姪孫兒女。同時，重遊我曾讀過書的靜安寺以及熟悉的玉佛寺與龍華寺。然後乘長江輪，回到南通的狼山，憑弔我往年出家的道場。

就在附近，也去探望了我大姊的墓，然後才回到我童年時代的老家，長江南岸的常陰沙，在我父母以及祖父母的墓前，焚香、點燭、誦經、祈福，最後訪問了鎮江的金山江天寺，和先師東老人接法的道場焦山定慧寺。

在我訪問的過程中，以一個將近六十歲的老僧，卻在沿途，常常觸景傷情，流了許多的眼淚，有的是往內流，有的是往外流，有的地方還是欲哭無淚。因我所到之處，是我國佛教的法脈源流，也是我生身的俗家的親人的血源所在。佛教從印度到了中國，經過兩千年的流傳，真可謂源遠流長。這一次我去大陸所到的白馬寺，是漢朝留下來的佛教遺跡，所謂白馬馱經的故事發生在漢明帝的時代。少林寺的歷史，是始於梁武帝時的菩提達摩面壁九年，已經是中國家喻戶曉的民間故事。興教寺是唐玄奘三藏的埋骨之處。大興善寺是唐玄宗時代，從印度來華弘傳密教的所謂開元三大士：善無畏、金剛智、不空等三位三藏法師的根據地。大慈恩寺是玄奘三藏翻譯佛經的譯經院所在。

可是，當我去訪問之時，僅見幾位年邁的老僧，在照顧著庭園門戶，他們是在為觀光的旅客服務。這些老僧，在文革之前，以及文革期間，都已被迫還俗，到了一九八〇年之後，才又漸漸地被找回寺院。他們生活得非常艱苦，也沒有弘揚佛法的自由，縱然有少數的青年出家，卻又很少能夠受到應受的教育。漢、魏、兩晉、南北朝，乃至盛唐時代的佛教面貌，在今日的中國大陸當然看不到，就是神佛混雜民間信仰的佛教，也不普遍。

我每到一處，都發現寺院分成兩個部分：1.供給遊覽觀光的園林部分，2.提供進香者拜佛的部分。其實，據他們自已說，今日到寺院參觀的群眾之中，燒香拜佛的人，大概只有十分之一。

至於我俗家的親人，見面時雖然非常地熱絡，而且特別是幾位老哥，無不是老淚縱橫，涕泗滂沱，但是經過那麼多年的闊別，他們的生活和價值觀念，跟我無異是南轅北轍，距離相當遙遠；我能夠體會他們的心聲，他們則無法了解我在想些什麼、做些什麼，和說些什麼。他們只能夠接受我在物質上的一些慰問，卻很難認同我信仰上的支援。

我跟幾位老哥共處了三天，其中只有二哥一人，被我說動而開始念佛看經。在他們的印象中，我還是他們那個未出家以前的幼弟，其實我早已不是那一個人，他們也已經飽經滄桑幾世為人，可惜他們卻沒有那樣地感受和認識。

當然，當我和他們同在父母的墳前祭祀之際，我們這一個家族的氣氛，都是那樣地凝聚和肅穆，大家聽著我誦經念佛，他們老、壯、少的三代，計四、五十個人，都在鴉雀無聲地傾聽，看到我在誦完經後，默默地站在墓前流淚，他們也陪著我輕聲地飲泣。在這樣的場面，又使我感到，我的俗家親人，畢竟還是親人。

因此，到了最後，他們把我送到上海機場，要和他們分別之時，我就有一種生離死別而把我送過了陰陽界的感受。其中一位姪兒，是我三哥的長男，經過幾天的陪伴，已經把他對我的稱呼，從最初叫我「爺叔」（上海話的叔叔），而學會了稱呼我「聖嚴師父」了，這已使我感到不虛此行。故我把那一本遊記，寫到最後，就留下了這樣的幾句話：「這次大陸探親之行，與其說『歸根』，毋寧說是回到我血緣的源頭及法緣的源頭，做一次巡禮式的尋根訪問。如果說我和我的俗家親人都是鳥，我能遠走高飛，他們卻不能。我不忍說他們是一群關在籠中的鳥，因我自己也不是一隻已在籠外的鳥，再怎麼高飛，也無法脫離這個地球世界。」

在那一本書出版後，相當受人歡迎，因為它是既富於感性也富於知性，應該是一本感性與知性交融調和的遊記。到了第二年，一九八九年，還被推薦為嘉新文藝散文項目的候選作品之一。雖然沒有得獎，能夠列入候選，也表示已經受到文藝界的矚目。

三、我的西遊記

我在少年時代，閱讀吳承恩的《西遊記》，知道唐僧往西天取經，要經過九九八十一難，縱然有一位能夠七十二變的猴王弟子齊天大聖，隨身護法，還不免災難連連。當時的我，既同情玄奘三藏的連番遇難，又喜歡孫悟空救難的精彩情節。看完八十一難，還希望有第八十二難，繼續讓我看下去。

在我年齡稍長之時，閱讀唐玄奘三藏所寫的《大唐西域記》，就覺得沒有《西遊記》那麼精彩了。不過他所記載的西域國土、民風、宗教、文化、地理環境，尤其對於當時佛教教團的分布以及弘化修學的活動，印象相當深刻。雖然那麼多的地名、人名、物名，用的都是音譯，對我來講，非常陌生，我還是把它耐心地讀完。

到了一九八九年的秋天，我自己也去了一趟印度，那就是當年玄奘三藏所遊的西域。不過玄奘西遊印度諸國，歷盡遊途艱險，費時十四個年頭，而我這趟，若不乘飛機，即是坐巴士，僅僅花了十五天，所以在任何一方面都不能跟玄奘三藏的西遊，相提並論。

這一次西遊印度的目的，純粹是為了朝聖，因為在那一年的年初，我們的中華佛學研究所，開始了一個較大的計畫，在臺北縣金山鄉，購得了一片山坡地，準備開發成為一個包括教育、文化、修行等多功能的世界佛教園區，因而成立了「護法會」，來推動籌募建設的經費，並且群策群力，宣揚建設這個道場的理念。

由於佛教發源於印度，而今日佛教乃至於明日的佛教，應該抖落迷信、消極和逃避現實的色彩，回歸到釋迦牟尼佛成道之後以他的智慧和慈悲，努力地淨化我們這個憂患人間的本懷。所以把重要的僧俗幹部們，組成了一共八十人的「印度及尼泊爾朝聖團」，巡禮釋迦牟尼佛時代留下的遺跡，用以鼓勵和激發我們這一個團體成員的求法、修法、護法、弘法之心。

當我結束朝聖之行，回到美國之後，又想到了《西遊記》和《大唐西域記》曾給我心靈的安慰、知識的啟發、信心的鼓勵，就告訴自己：「這一趟雖然只有十五天的行程，也應該把它寫下來，給自己和全體團員們溫習信念，留下回憶。」結果，寫成一書出版，名為《佛國之旅》。

因為今日的尼泊爾，也是當年西域的一部分，釋迦牟尼佛的出生地，即位於現在尼泊爾的境內，而且是夾處於西藏及印度兩個地區的緊鄰。西藏佛教有的是從印度通過尼泊爾輸入，目前藏傳的佛教，還有一部分在尼泊爾境內，滋生繁衍。我們訪問印度的路線，也以經過尼泊爾進入印度比較便利，所以我們這個朝聖團的第一站，就是尼泊爾的首都迦德滿都。在那兒逗留了三天，順便訪問了當地的佛教遺跡和西藏系的喇嘛寺院。然後飛出尼泊爾盆地，進入印度，先到當年玄奘三藏曾經讀過書、教過書、主持過辯論大會的那爛陀寺遺跡所在，接著訪問了佛陀時代的名都「王舍城」，及其附近的「迦蘭陀竹園」，然後是釋迦牟尼佛宣說《法華經》的聖地「靈鷲山」，接著訪問釋迦牟尼成道處的「佛陀伽耶」大塔和佛陀在那兒成道的菩提樹，然後訪問了「婆羅奈斯」附近的佛陀涅槃場及其火化的遺跡。同時也欣賞到了難得一見的恆河日出的美景。接著訪問佛陀成道後初轉法輪並度五位比丘的「鹿野苑」遺址及其博物館，跟著又折回尼泊爾，訪問了佛陀的出生地——藍毘尼園，再從尼泊爾進入印度，訪問了佛陀時代另一個著名的精舍寺院——祇樹給孤獨園。

朝聖的行程結束，為了要搭飛機，直飛美國及香港，所以到了現在印度政府所在地的新德里，並且參觀了周邊幾個伊斯蘭教王朝時代留下來的古堡及有名的建築物。

我在這個行程中，既感恩，也感傷，同時感奮。因為能有佛陀出世，才有正法的傳流，使得歷代以來無數的眾生，得到心靈的安慰、生活的以及信仰的依歸，我們豈能不感恩？所以，在佛陀成道處的伽耶大塔之旁，豎有一根石柱，紀念佛陀因梵王請法而說法，我於那兒拜下之後，便感激得久久站不起來。

當我見到竹園、祇園、靈鷲山、鹿野苑等，當年佛陀說法度眾之處，現在，卻是一片荒蕪，連殘垣頹壁，都沒有見到，只有象徵性地在地面鋪了一些紅磚，算是當年建築物的基腳之外，什麼也沒有。同時在新德里附近，見到幾處伊斯蘭教王朝的寺院建築材料，聽說是從十多個佛教寺院拆卸而來；尤其見到許多被穆斯林的軍隊砍了鼻子，挖了眼，割了耳，剁了手的石雕佛像，心中豈能不感到淒涼和悲傷，就是因為佛教徒本身人才的缺乏，加上伊斯蘭教由北方入侵印度，而使得佛教於十四、十五世紀之後就在印度滅亡，而且是徹底地滅亡。

但是到了二次世界大戰結束（西元一九四五年）之後，從尼赫魯先生擔任了印度總理，他本人雖然是印度教徒，卻能指示政府撥出專款，發掘並整理印度境內各處佛教的遺跡，成立佛教歷史遺物的博物館，因而使得散布於世界各地的佛教徒們，興起了去印度朝禮佛陀聖跡的熱潮。特別是日本、斯里蘭卡、緬甸、泰國，以及西藏系的佛教徒們，常常結成一團一團地前往印度，做八大佛教聖地的巡禮。我們中國人，在那八大聖地也都有了寺院，雖然大陸去的人很少，臺灣和東南亞的華僑，朝聖的人數和次數也不能算多，而印度國內已經又恢復了佛教的活動，有了佛教徒的存在，則為事實。因此喚起了世界佛教徒們的共識：我們應該回到佛陀時代的佛教面貌才好。所以值得我們感奮！

佛教，經過兩千五百多年的流傳，就像一株老藤，雖然它的老根已經被人鏟除，但是它的枝蔓，還是四處繁衍，甚至在支脈的彼此之間，由於分道揚鑣，而互不相識，形同陌路。如今幸而還有一個佛教的發源地——印度的佛陀遺跡，可以讓各支各派的佛教徒們，溯源尋根。這正好可給全世界的佛教徒們，取得共識，回歸佛教的原點，然後統一彼此的理念，協調發展的腳步，邁向佛教整體化的明天。這也正是今天世界佛教界有識之士的共同願望。

我們這一次朝聖，因為每到一處，我都會事前，或者在當下，乃至事後，向隨行的團員們介紹說明，例如：佛陀在這個地方發生過什麼樣的事，說過什麼樣的話，讓我們得到什麼樣的啟示。這要比我在國內的講堂上，講經說法更有身歷其境的真實感。因為我們所見的景色，所走的地面，都可能是當時佛經裡所描寫的，也都可能是當時佛陀和羅漢弟子們的生活環境和走過的地面。我們走在那些地方，等於是踏著佛陀的腳步，向菩薩之道及成佛之道邁進。

因此，所到之處幾乎都有許多的人感動得痛哭流涕，特別是佛陀成道的伽耶地方，距離他初轉法輪度五比丘的鹿野苑，要經過幾百公里的徒步跋涉，只是為了要度五個人。然後，經過四十九年，勤苦攝化，遍遊諸國，直到將要入滅之際，又從南方毘舍離的大林精舍，向北方的拘尸那羅城，徒步遊化，一程又一程，經過每一個村落，都停下腳來，利用息腳的時間，向沿途村民說法。到了拘尸那羅城外的娑羅樹林，已經非常疲累，還要為眾說法。最後於臨涅槃時，尚有一個老婆羅門須跋陀羅，是位聰明多智的五通仙人，壽高一百二十，趕來請開佛示，使他立證阿羅漢果，那就是佛陀最後的弟子。到此為止，佛陀才閉上眼睛，進入無餘涅槃，他的色身才向我們這個人間告別。我們朝聖團的許多團員，每於一處聽完我的說明，都會默然飲泣。

這一趟印度的朝聖之行，成效要比我在臺灣做兩年的弘法演講，還更有用。使得大家獲得了我們要建設法鼓山的信念。嗣後我們也有了如下的四條共識：

（一）理念：「提昇人的品質，建設人間淨土。」

（二）精神：「奉獻我們自己，成就社會大眾。」

（三）方針：「回歸佛陀本懷，推動世界淨化。」

（四）方法：「提倡全面教育，落實整體關懷。」

四、我是開鑛工人

從佛法的角度看，每一個人都有他自己的寶藏，每一個人的智慧福德，都與諸佛相同，無欠無缺。只是已經開發了寶藏的人，稱為諸佛，尚未開發寶藏的人，稱為眾生。所以《寶性論》要用「真金在鑛」和「地藏珍寶」，來勉勵我們不可以小視自己而自暴自棄，應該積極的努力來開採各自本來擁有而被埋藏起來的寶藏。

《法華經》形容佛陀說法，叫作「開示」。也就是幫助眾生開迷悶的煩惱羅網，展示每一個眾生本有的寶藏，那就叫作「示佛知見」，也就是「開佛智慧」。有真智慧必有真福德，福與慧是一體的兩面，相輔相成。不過智慧雖然人人本具，仍得以佛法來開示。以演說佛法，來開啟眾生的福智寶藏，佛法如開鑛的工具，說法者則像用這個工具來開鑛的工人。

我自己沒有任何發明，只是從佛法學到了一點菩提心，所以發願幫助一切需要幫助的眾生，我也只是用佛法為器具而開採自己的鑛藏，同時協助他人開鑛的一個工人。

所謂「玉不琢不成器」，金玉在鑛，如你不具專業知識，根本不知道是金是玉，何況能夠使之成器。這在佛教來說，眾生需要「化導」，以社會的一般用語而言，人人需要「教育」。在我們法鼓山的共識中，有這樣的兩句話：「提倡全面教育，落實整體關懷。」我們的教育，應該從入胎開始，就要接受父母親實施的胎教，出生之後，則從嬰兒期起，經過童年、少年、青年等各階段的家庭教育、學校教育、成人教育和老年人的長青教育。其中每一個段落的彼此之間，都應該銜接起來，能夠執行這項任務，做為溝通聯繫協調和指導的，應該是宗教教育。

基於這樣的理念，我們來建設佛教園區，它的地理位置雖是在臺灣省臺北縣北海沿岸金山鄉的一個山坡地帶，它所關懷的範圍，則是無遠弗屆的全體人類。所以，人人都有寶藏，推動法鼓山共識的人，都是鑛工，也都是鑛主，彼此互助，同心協力，來開發心靈的寶藏，豐富幸福的資源。

因此我在一九八九年四月，尋得那片土地之後，直到一九九〇年十二月所完成的一部遊記，命名為《金山有鑛》。其中有一節，就叫作〈探鑛尋寶〉。而我所做的宗教、文化、教育、社會等的各項工作，都是提供有緣的人士，來冶金開鑛，然後把他們自己煉成的純金和美玉，分享給我們的社會大眾。

我為了建設法鼓山的目標，不論在硬體的物質建築，和軟體的資源開發，向各方面去尋求參考，都相當用心。為求得建築方面的參考，我曾於一九九一年春天，邀請了跟建設法鼓山相關的重要幹部及專業人員，連我共計十三個人，用了二十天的時間，訪問了中國大陸河北、山西、甘肅等三個省。考察了自唐、宋、遼、金，以迄明、清的中國古代寺院建築。

我們訪問了北京潭柘寺、戒壇寺、頤和園、故宮，房山的石經，太原的崇善寺，五臺山的唐朝建築南禪寺、佛光寺，以及五臺山現有的明、清建築各寺院。然後到了大同的雲岡，參觀石窟建築，以及遼代的古建築善化寺及上下華嚴寺。接著飛到甘肅的敦煌，參觀了莫高窟千佛洞的繪畫及雕刻藝術，同時也參觀了同屬甘肅省的麥積山石窟，那兒是北魏的雕塑藝術及石窟建築。也去訪問了位於甘肅南方的漢地藏傳佛教兩大寺院之一的拉卜楞寺。我們在北京，還特地去參觀了由現代世界名建築師貝聿銘設計的香山飯店。一路上讓我得到很多的啟發，所以在結束訪問離開大陸之後，就在當年的十二月，完成了另一部遊記《火宅清涼》，它的副題是「中國佛教藝術之旅」（編案：本書出版時未加上副題），因為這一次的考察旅行，除了建築藝術，還有繪畫、音樂、雕塑、石經等各種佛教藝術。

中國古代的佛教藝術品，能夠保持得比較完整的是在北方和西北方，那是由於自然的氣候乾燥，陸上交通的不便，所以還能僥倖地保留了下來。

經過考察與思考，我對於法鼓山硬體建築所抱的理念，曾在《火宅清涼》的第十五篇中，提到了如下的三點看法：1.要站在現代人的立足點上，一方面回顧歷史文化的優良傳統，同時展望未來文化的帶動創新，這也就是中國人一向主張的繼往開來，承先啟後。既不可忘掉過去，也不能不想到未來，而且現在就是現在。2.要保持建築地的原有地貌，不可移山填壑，並且珍惜原有的資源，如：溪流、活泉乃至於原生的一草一木。3.在基本的安全設施及美觀實用的範圍內，盡量做到技術和建材的現代化，以及形像顏色的本土化。

我跟我們的建築設計師陳柏森居士，都有共識：我們這一座法鼓山的建築物在外觀上要使人覺得那是從地面生長出來的原生物，而不是硬生生地強力加建在山坡上的，它的色彩應該與當地的環境相得益彰，彼此互為賓主。當人們生活在這些建築內時，要有置身於自然的感受。當然，目前還在策畫階段，將來究竟會是什麼樣子，尚不太清楚，但願我們的想法能夠成為事實。

當我發起了法鼓山的建設活動之後，我本人的對外活動，就更加頻繁了，主動及被動所建立的關係，從國內到國際的，由東方到西方的，愈來愈多。每一種關係的建立，都需要付出時間和心力，佛教主張「結緣」，世間講求「互惠」，人家參與我們，我們也必須關懷人家；人家支援我們，我們也需要照顧人家。否則若僅是單向的供求，便不會維持長久，也違背了佛法化世的精神。

因此，當我訪問中國大陸之後，於一九九一年五月，又開始了另一段落的萬里遊化，在東方，我到了香港和臺灣，在西方，到了美國的夏威夷州、科羅拉多州、紐約州、康州、新澤西州、佛羅里達州、路易斯安那州、德州、喬治亞州，同時也到了北美的加拿大，中南美的哥斯大黎加，最遠的也去了一趟英國的倫敦及威爾斯。經過一年多的時間，又於一九九二年的十月，完成了一部遊記，名為《東西南北》。

一九九二年的八月四日至十日期間，我為了考察日本佛教的寺院建築、大學的校舍建築，以及與此相關的硬軟體設計和設施，到日本的東京及京都，訪問了一週。又於十月的中旬，去了歐洲的捷克和比利時，訪問了兩所大學。十月的下旬，以十天的時間，又訪問了美國中西部及東部七個州的九所大學，做了十四場演講。看樣子另一本遊記到今年年底也可以寫成了（編案：即《春夏秋冬》，一九九三年十二月出版）。

撰寫遊記，應該不是我的本行，但是為我的行蹤留下記錄，學取古人的經驗，吸取他人的智慧，落實於現在，展望未來，對自己的責任做交代，給讀者提供相關的消息，於是樂此不倦地一直寫了下來。

站在路口看街景

一、沒有目標的目標

在我少年時代，同學們問我將來要做一個怎樣的和尚？我頗茫然，僅回答說：「只要做一個和尚就好！」

當三十歲時第二度出家之後，有一位長者居士，聽說我要入山禁足閉關、看經自修，特地前來看我，見面就問：「法師青年有為，前途不可限量，乃是明日佛教的龍象，不過近代中國佛教，有四位大師：印光、弘一、虛雲、太虛，你究竟是要學哪一位，走哪一條路？」我也不以為然，只回說：「這四位大師，我都學不上，印光的淨土，弘一的戒律，虛雲的禪定，太虛的教理，依我的資質條件，不可能把他們之中的任何一位學得像。」那位居士嘆了口氣走了。其實我很想告訴他說：「我走第五條路。」我將盡我自己所能，去修學釋迦牟尼佛的遺教，能學多少算多少，能知多少算多少，能行多少算多少，盡心盡力，但不敢跟任何古人比較。

因為從小記取我父母的兩段名言：

有一次我父親帶著我經過一條河邊，正好有一群鴨子見到我們經過，就被驚動下了河，而往對岸游過去。父親問我：「孩子！看到那一群鴨嗎？牠們在河中游水，大鴨游出大路，小鴨游出小路，不論大鴨小鴨，大路小路，都能游過了河。如果自己不游，就沒有路，也過不了河。」當時父親又告訴我：「孩子！做人也是這個樣，不管才能大小，不問地位高低，只要盡心盡力，總會走出一條路來。不要羨慕他人，也不要小看自己。」

另有一次，我的母親正在做家務，來了幾位鄰居的太太，見到我在一旁，就拿我做話題，一位太太說：「這個小男孩！好乖啊！好聰明啊！將來一定可以成為人上人，住的是樓上樓。」另外一位太太說：「嗯！好的是住樓上樓，不好，就得在樓下搬磚頭了！」我的母親看了我一眼，向她們說聲謝謝，然後發表她的看法說：「不管是住樓上樓或者是在樓下搬磚頭，只要他不做賊骨頭就好。」

我的父母都是不識字的文盲，非常平凡，但在他們心靈的深處，能夠流露出這樣智慧的語言，對我一生的影響實在很大。

由於我從小體弱多病，所以也沒有太多欲望，沒有要為自己建立功名地位，也沒有一定的目標要去完成，只是順著因緣，踩穩腳步，努力向前。尤其是自從懂得佛法，並且得了受用之後，我沒有自己的事業可言，沒有自己的目標可求，只有想到如何修學佛法、弘揚佛法。努力的目的，與其說是自己的前途，毋寧說是為了佛法化世功能的推動。

回想我六十多年來的生命過程，都不是我預先想到和預做安排的。正因為我沒有預定安排什麼，反而可以左右逢源，隨遇而安；正因為我沒有一定的目標想要完成或者是非得要完成某一項目標不可的念頭，所以落得輕鬆，沒有給自己太多的壓力，也不會受到外境和他人給我太重的壓力。是我該做而能做的，當然做；該做而我不能做的，就不做。不過我自己還是凡夫，對於利害得失名聞利養，不能完全無動於衷，但是這些問題只要通過我對於佛法的認識，就會很快地自我調整與化解。因此不管在任何環境、任何情況下，也不會生活得那樣地焦慮和痛苦。

像我這樣沒有一定目標的人生觀，很可能會被一般人誤認為是消極和逃避現實。的確，如果用之不當，可能真的會變成消極，所幸我有佛教的信心，並且經常提醒自己：要以發菩提心為基礎，要用〈四弘誓願〉做前導。

我雖沒有個人的小目標，卻在任何情況下，都不會失落全體眾生所共有的大方向、大目標。

二、我的身分只有一個

到現在為止，我所扮演的角色很多，尤其是目前，不僅以不同的時段從事不同的工作，而且是在同一個時段兼做許多種不同性質的工作。在辦教育行政的同時，也在從事學術研究，也在弘揚禪法，帶動禪的修行，著作禪的書籍，也在做著社會教化與社會服務的工作。

我在教育工作方面，發展中華佛學研究所，逐年加強了教師和研究人員的陣容，也增進了和國際間的合作關係。最初我們的佛學研究所，只有兩個專職人員，包括一個祕書和一位教授，目前已經有十多位受薪的人員、圖書館員和教務行政人員之外，專職的教授、副教授，已有九位之多，原因是我們要把研究所擴大發展成為人文社會學院，而且已向教育部提出申請。

在學術活動方面，除了每年發行學術年刊《中華佛學學報》，自己撰寫論文，也邀請國內外佛學專家們提供佛學論文。

從一九八九年起，每隔一年由中華佛學研究所召開一屆國際佛學會議，定名為「中華國際佛學會議」。第一屆邀請到來自世界十八個國家五十多位東西方學者，以中、英、日三種語文，分作三個講堂，用三天的時間，發表了四十篇論文。它的主題是「從傳統到現代」，副題是「佛教倫理與現代社會」。會場是由國立中央圖書館免費提供，協辦的單位包括國內的臺灣大學哲學研究所、東吳大學哲學系、文化大學哲學研究所、輔仁大學宗教學研究所；國外則有日本京都佛教大學佛教文化研究所、美國天普大學宗教系及夏威夷大學宗教系。會後由美國天普大學宗教系的傅偉勳博士及聖地牙哥大學哲學系的華珊嘉教授合作編成中、英兩種語文的論集，分別交由臺灣臺北的東大圖書公司及美國綠林出版公司同時發行。中文部分收了十五篇論文，英文部分收了二十九篇論文。其中有很多篇是以中、英兩種語文同時發表，像我自己的兩篇文章，關於明末中國戒律的論文，就是這個樣。英文論集的書名也是《佛教倫理與現代社會》（*Buddhist Ethics and Modern Society*）出版之後，曾有多篇相當好的書評介紹。

第二屆的「中華國際佛學會議」，是今年一九九二年七月十八日至二十日三天，假臺北市的圓山大飯店召開，邀請到十多個國家三十五位學者，仍以三種語文，發表了二十六篇論文。這一次的協辦單位，都是國外跟中華佛學研究所建立了合作關係，並已進行學術文化及師生交流的大學和團體，包括日本東京的立正大學佛教學部、京都的佛教大學、美國夏威夷大學宗教研究所、美國密西根大學佛教研究所、泰國法身基金會。國內的贊助單位，則有行政院文化建設委員會、太平洋文教基金會，以及行政院教育部。這一次會議的主題還是「從傳統到現代」，副題是「傳統戒律與現代世界」。我除了負責大會的開幕詞、閉幕詞以及主題演說之外，也發表了一篇兩萬多字的論文——〈從三聚淨戒論菩薩戒的時空適應〉。會後，依舊委請傅偉勳及華珊嘉兩位教授，將論文編輯成書，交由美國綠林出版公司發行。

至於召開國際佛學會議的目的，我在第一屆「會議緣起」中，曾經如此說：「從中國佛教的立場，放眼於世界佛教，把世界佛教引回中國，把中國佛教傳到世界……。我們目前是迫不及待希望引進國際的佛教學術成果，也希望讓國際佛教學術界知道我們正在向這個方向努力，讓他們來提供經驗和訊息，同時也讓國內的教內外人士很快的認同佛教學術研究的重要和必要，然後讓我們共同來努力於佛教人才的培養。」

又在第二屆會議的開幕詞中，說了這樣的一段話：「一個偉大的宗教，應該具備三個條件：第一是信仰的實踐。第二是理論的基礎。第三是學術的研究。若無信仰的實踐，便不是宗教而僅是倫理學說；宗教的信仰和實踐，又必須有其深厚的哲學理論做為指導的基準，方不致流為地方性、民俗性和非理性的鬼神信仰；如果不做學術性的研討，便不會知道如何運用既有的資源，來給每一個時代的社會，提供多功能的服務與高品質的奉獻。」

佛教當有深厚的哲理基礎，也當有淺易的實踐指導，正由於此，便使我除了致力於教育與學術工作之外，也做著通俗性的弘化工作。

我用淺顯易懂的文筆，前後寫過三本書：1.《正信的佛教》，完成於一九六四年，2.《學佛知津》，輯成於一九八五年，3.《學佛群疑》，完成於一九八八年。這三本書的流通量及流通面，都相當地廣。因此有人把它們稱為我的「傳道書」。

我在通俗演講方面，近幾年來也做得不少，於臺灣及香港兩地，每場都有千人以上乃至六千人的聽眾，並且錄製成為卡式錄音帶，以國語、閩南語、粵語，大量流通。

我在東方和西方，所指導的坐禪活動，也很成功。在美國從一九七六年以來，跟我直接和間接學習坐禪的學生已有三千多人，在臺灣則達三萬多人。特別是近一年來，高層次的社會菁英，包括政、學、工、商、文教等各界主管人員，接受我的禪修指導者，人數逐日增加，效果相當不錯。

我對於社會工作的關懷，也沒有忽略。到一九九一年度的新春為止，我所主持的中華佛教文化館及農禪寺，每年冬季，都舉辦貧病的救濟和慰問。去年度的總救濟額，高達新臺幣五百多萬元。同時也跟榮民總醫院的惠眾基金會合作，為負擔不起醫療費而必須住院急救和求醫的病患，提供支援。並且模仿張老師及生命線的方式，在我們的農禪寺及榮民總醫院，設立了定名為「甘露門」項目的服務，為一般的民眾解決身心和家庭、事業等的困難問題。

正由於結合了僧俗弟子以及善心人士們的各項資源，推動了各種社教服務和宗教教育，十多年來，我每年都會受到內政部和臺北市政府的表揚。一九九一年度還被選為全國好人好事代表而獲頒八德獎；一九九二年度，又由臺北市政府從七十五名被推薦的人員之中，遴選為二十五名受獎人之一，獲頒了一座臺北市「市民榮譽獎章」。

造成這樣的局面，不是我的本意，都是現實的因緣環境，把我推上這樣的路來。

因此，現在的我，究竟是一個什麼身分的人，連自己也說不清楚了。讚賞我的人說，我是一位佛教的學者教育家；有人說我是一位苦修苦行的宗教家；也有人說我是一位熱心於淨化社會的社會學者；另有人站在相反的立場來看我，認為我不專心某一種身分的工作，所以外表看來樣樣都做，實質上一樣也做不好的。正所謂「門門都通，樣樣稀鬆」吧！

我相信他們的評論都是正確的，而我自己的立場，是採用我在教人修行方法時所持的態度，那就是當你坐禪的時候，如何處理心中不斷浮現的許多妄念？要像一個人站在十字街口，看著車輛、行人、景物，熙來攘往，卻能保持沉默，站定腳跟，不為街上的景色所動；人潮車海，一波一波地來來往往，你都一目瞭然，卻能不動聲色。只要不被某一個或者是某一些鏡頭所引誘，而不知不覺地離開了所站的原點，隨波逐流地跟著人潮流動，那就是最好的修行方法，那時，縱然有妄念，也是在修行。

同樣地，我的工作雖然有很多，我的目標與方向只有一個。所以我的身分只有一個，就是佛教的和尚。

三、我的中心思想

若從我的閱讀和寫作的範圍及其性質來看，好像非常龐雜。其實我在臺灣南部閱讀《大藏經》的階段，已經有了一個明確的思想路線。我必須承認，受到太虛大師和印順法師兩人很大的影響。到了日本，撰寫論文期間，也受到蕅益大師的影響。我在前面已經講過，蕅益及太虛兩人，都有佛法一體化的所謂「圓融」的主張，那也就是中國本位佛教的特色。我是中國人，我對中國的佛教不能沒有感情，所以不僅能理解他們的用心，也很佩服他們的用心。中國佛教，應該具有中國文化的特色才對。至於印順法師，他是從印度佛教的基礎來看佛教的發展，所以他並不因為自己是中國人而對中國的佛教做偏袒地理解。印順法師的佛學思想是淵源於《阿含經》及《中觀論》，那就是以「緣起性空」、「性空緣起」為他的立足點，然後再去博涉印度的大、小乘佛法以及中國的各宗派思想。

我在行持上，主張採用原始佛教的精神，也就是以戒、定、慧的三學並重，所以我開始對佛學做比較深入地探索之時，就是從戒律的問題著手，然後研讀各種禪數之學的禪經禪籍，從印度的次第禪觀到中國禪宗的頓悟法門。事實上《阿含經》的本身就是在闡明慧學的同時，也在宣揚定學，而定學必須要有戒學的基礎和慧學的指導，否則，不落於魔境，便滯於世間禪定而不得解脫。

我在慧學方面，是從印度佛教的原始聖典《阿含經》入手，對於《阿含經》中所說「此生故彼生，此滅故彼滅」的緣起緣滅的道理，印象非常深刻，故當我解釋或說明佛法根本義理的時候，一定會從這個立足點上出發又回到這個立足點來。就是我現在所弘傳的禪學，若以中國禪宗祖師們留下的文獻來看，是屬於如來藏系統的思想，可是我把佛法回歸到緣起性空的原點，不論在修行方法的指導和修行理念的疏通，我都會指出最基本的立場，那便是所謂三法印：「無常、無我、寂靜。」如果偏離三法印的原則，那就很容易跟外道的常見和斷見混淆不清了。

至於我自己的專攻，所花時間比較多的，用心比較深的，只有兩個項目：

第一，是大、小乘戒律學的探究。我寫第一本比較學術性的著作，就是《戒律學綱要》，在我們中華佛學研究所召開的第一、二屆「中華國際佛學會議」中，我所發表的論文，也是戒律的範圍。我自從一九六五年出版《戒律學綱要》以來，繼續撰寫與戒律相關的文字，收於《學佛知津》中的有十六篇，集於《佛教制度與生活》中的有八篇，我的目的不在於復古泥古，乃在尊古而切合時代的實用。例如當我發現釋迦牟尼佛時代的三皈五戒，是所有在家信眾共同必守的正確信念及生活軌範，到了中國，五戒竟成了很難遵守的條文。另有沙彌十戒及八關戒齋，應該是輕而易持的，到了中國竟會變得相當困難。比丘、比丘尼戒在佛世的印度，不是那麼嚴格得無法實施的，到了中國，竟會讓人覺得沒有幾位僧尼能夠持戒清淨。菩薩戒的彈性很大，可是到了中國，被幾種菩薩戒經的不同要求，弄得徒有具文。如果能夠掌握了大、小乘戒律的制戒原則及其持守精神，便不難將之實用到我們現代人的生活中來。這是我要研究戒律並撰寫戒律的動機。

第二，是跟我博士論文的主題相關，那就是明末的中國佛教，對於當時特定人物的研究，以及特定主題項目的研究，是歷史的，也是思想的。以現代化的治學方式來研究中國佛教，先進的日本及歐美學者們，已做得不少，但他們所著眼的，多是以中國古代的資料為主。對近世的明、清佛教迄於二十世紀的現代佛教，尚少有人探索。其實在明末清初的階段，中國佛教界出了許多大師級的僧俗學者，並且影響到現代中國佛教的成長延續。不論是義理之學及應用之學，包括禪、戒、淨土、天台、華嚴等思潮，從傳統的立場來看現代的中國佛教，多多少少都可以在明末的佛教思想中得到消息。可是，正如我在《明末佛教研究》的〈自序〉中所說的那樣：「在我的學位論文問世之前，學界對於明末的佛教，尚是一塊等待開發的處女地。」目前雖在美國及我國內，已有幾位學者，把研究重點置於明清的佛教，但是明清佛教的資料非常豐富，尚有待於研究的項目很多，我僅是拋磚引玉而已。

在對於宗教學的探索，那是我二十五歲至三十七歲之間的興趣，到一九六八年之後，我就把它放下了。

有關於禪學，我沒有做多少學術性的研究，雖然我被哈佛大學的一位教授肯尼士．克萊夫（Kenneth Kraft）博士邀請，為他所編的 *Zen: Tradition and Transition*（《禪的傳統和演變》）一書，寫過一篇名為〈坐禪〉（Zen Meditation）的論文，從歷史的觀點談坐禪的演變，由美國的 Grove Press 於一九八八年出版。我也寫過〈禪與禪宗〉、

〈六祖壇經的思想〉，發表於《中華佛學學報》，但我畢竟不是以禪學做為研究題材的專家，我只是用禪宗的資料來傳播禪法的修行。雖然我已用中、英文出版了有關於禪的著作十多本，而那都是實用性的觀念指導和方法指導。

我也在《普門》雜誌、《華岡佛學學報》上發表過〈密教之考察〉及〈淨土思想之考察〉，在留學期間曾經寫過〈天臺思想的一念三千〉等論文；近年以來，我也留心藏傳中觀應成派的佛學思想，故於一九九二年秋，出版了一冊《漢藏佛學同異答問》，卻多是我的副業，不是我的專門。

從整體思想而言，我不屬於任何宗派與學派，但當我講解某一部經、某一部論或某一部中國祖師們的著作之時，我不會用原始佛教的觀點來解釋他們，他們怎麼講，我也怎麼說，而是用他們自己的思想來介紹他們的思想。例如我講華嚴的《五教章》時，不會用《阿含經》或《中觀論》的觀點來批判它，我講《大乘起信論》、《圓覺經》時，也不會用唯識學的觀點來說明它們，而我在講《成唯識論》時，也不會用如來藏的思想跟它混淆。

直到現在為止，我並沒有宗派，我並不一定說自己是禪宗的禪師，或是哪一宗的法師。如果把佛法的源流弄得比較清楚，回歸佛陀時代的根本思想，那就可以把自己跟全體佛教融合在一起，能夠理解、同情，和承認各系各派的各種佛教思想，而不會受到他們之間彼此互異、各執一是的影響。應該說：我是站在十字路口的街沿上，看風光宜人的各色街景，這就是我的中心思想。

這本小書寫到這裡應該要結束了，我要謝謝這套《當代學人學思歷程》的主編傅偉勳教授，他給了我寫作的機會，也謝謝正中書局接受了我這一本書。

（釋聖嚴脫稿於一九九二年十二月十九日的紐約東初禪寺）

寰遊自傳 15

聖嚴法師學思歷程

A Journey of Learning and Insight

著者	聖嚴法師
出版	法鼓文化
總監	釋果賢
總編輯	陳重光
編輯	李金瑛、洪季楨
封面設計	小山絵
內頁美編	小工
地址	臺北市北投區公館路186號5樓
電話	(02)2893-4646
傳真	(02)2896-0731
網址	http://www.ddc.com.tw
E-mail	market@ddc.com.tw
讀者服務專線	(02)2896-1600
二版一刷	1999年12月
四版二刷	2018年5月
建議售價	新臺幣200元
郵撥帳號	50013371
戶名	財團法人法鼓山文教基金會—法鼓文化
北美經銷處	紐約東初禪寺 Chan Meditation Center (New York, USA) Tel: (718)592-6593 Fax: (718)592-0717

法鼓文化

國家圖書館出版品預行編目資料

聖嚴法師學思歷程 / 聖嚴法師著. -- 四版. -- 臺
北市 : 法鼓文化, 2018. 01
面； 公分

ISBN 978-957-598-772-5 (平裝)

1.釋聖嚴 2.佛教傳記

229.63 106022801